社会性别研究丛书

ジェンダーで学ぶ言語学

性别语言学

[日] 中村桃子 编著

徐微洁 译

浙江工商大学出版社
ZHEJIANG GONGSHANG UNIVERSITY PRESS
·杭州·

图字：11—2021—132

图书在版编目(CIP)数据

性别语言学 / （日）中村桃子编著；徐微洁译. ——
杭州：浙江工商大学出版社，2021.12
　ISBN 978-7-5178-4707-6

Ⅰ.①性… Ⅱ.①中… ②徐… Ⅲ.①性别差异—对
比语言学—研究 Ⅳ.①H0

中国版本图书馆CIP数据核字（2021）第217156号

GENDER DE MANABU GENGOGAKU
by NAKAMURA Momoko (ed.)
Copyright © 2010 NAKAMURA Momoko et al.
All rights reserved.
Originally published in Japan by SEKAISHISOSHA, Kyoto, Japan.
Chinese (in simplified character only) translation rights arranged with
SEKAISHISOSHA, Japan
through THE SAKAI AGENCY and BARDON CHINESE CREATIVE AGENCY LIMITED.

性别语言学
XINGBIE YUYANXUE
[日]中村桃子 编著　　徐微洁 译

责任编辑	鲁燕青
责任校对	韩新严
封面设计	林朦朦
责任印制	包建辉
出版发行	浙江工商大学出版社
	（杭州市教工路 198 号　邮政编码 310012）
	（E-mail：zjgsupress@163.com）
	（网址：http://www.zjgsupress.com）
	电话：0571-88904980，88831806（传真）
排　　版	杭州朝曦图文设计有限公司
印　　刷	广东虎彩云印刷有限公司绍兴分公司
开　　本	710mm×1000mm　1/16
印　　张	13
字　　数	210 千
版 印 次	2021 年 12 月第 1 版　2021 年 12 月第 1 次印刷
书　　号	ISBN 978-7-5178-4707-6
定　　价	48.00 元

本书为 2021 年度国家社科基金中华学术外译项目
"现代汉语与中国现代文学"的阶段性成果

序　言

致《性别语言学》中文版的各位读者：

此次，多亏了浙江师范大学徐微洁老师的劳心费力，《性别语言学》中文版才得以与各位读者见面。对此，我由衷地感到高兴。我希望，即便在汉语圈，也有越来越多的读者对语言与性别的密切关系感兴趣。

本书的目的在于让不熟悉"语言与性别"的读者对这个领域产生兴趣。迄今为止，"语言与性别"领域的书籍往往多聚焦于英语。本书将焦点放在日语上，整本书的结构也充分考虑了日本读者的阅读习惯。虽然本书出版于2010年，但本书广泛网罗了日语"语言与性别"的话题。因此，即便是现在，本书也是一本非常值得初学者阅读的入门书籍。

现在，汉语的"语言与性别"领域也取得了许多优秀的研究成果。如果各位读者能在阅读本书时思考汉语中的类似现象，那么将幸甚至哉。

此外，拙著《语言与女权主义》和《语言与性别》的中译本已于2017年由徐微洁教授翻译出版。阅读本书的读者，若希望进一步了解"语言与性别"的相关知识，请务必一并阅读以上两本书籍。

中村桃子

2021年9月

于紫薇花盛开的横滨

目　录

I　被建构的"语言"

"女性用语"的历史

II　媒体建构的"性别"

IV 变革的"语言"

V　话语分析的研究路径与方法

语言与性别的关系

中村桃子

1 何谓语言学

人被称作"使用语言的动物"。人们使用语言相互联系，进而形成社会；通过记录过往、描绘未来，从而超越时间；通过创造"河童"[①]这种虚构之物来超越外界。语言是人类创造社会和文化的源泉。

研究语言的学问就是语言学。语言学的研究领域大致可分为两种：一是研究语言的发音、词汇、语法的领域，我们在学校学习的英语语法就是这类研究的成果；二是研究语言与其他专业之间关系的领域，例如，研究语言习得的心理语言学，探究语言与认知能力关系的认知语言学，研究语言与社会文化关联性的社会语言学、语言人类学，等等。本书的主要着眼点是语言与性别研究，它是社会语言学的研究内容之一，也与其他领域息息相关。

近年的社会语言学，除了认为语言反映了社会外，还关注了语言创造社会的功能。这是因为语言在建构"理所当然之事、常识、知识"时发挥着重要作用。通过语言研究社会的意义之一在于让我们明确以下事实：迄今为止我们习以为常、认为理所当然之事只不过是众多观点之一而已。

[①] 河童（kappa），又称河太郎，是日本的妖怪和传说中的动物，也是未被确认的动物，其名称和形状各不相同，最爱的食物为黄瓜。日本作家芥川龙之介（1892—1927）曾写过一篇短篇小说，名为《河童》（1927）。（译者注）

2　性（sex）与性别（gender）

作为这些"理所当然之事"之一，近年来备受瞩目的是有关人类性别的话题。既有的人类性别，仅被理解为生物学性别，但是有关性别的理解不仅包含生物学方面，也包含被称作"女人味/男人气概"的各种特征。以前，人们认为这些特征也是由生物学性别决定的。煮饭做菜、礼貌谈吐是女性与生俱来的"女人味"；擅长运动、健壮坚强是男性天生的"男人气概"。

但是，随着研究的推进，人们发现"女人味/男人气概"会因社会或团体的不同而不同。例如，在巴布亚新几内亚和马达加斯加的某些地区，激烈咒骂被视为有女人味的说话方式，而礼貌和善则被视为有男人气概的说话方式。我们很难认为，这种因地域不同而不同的特征是由生物学性别决定的。

因此，人们提议区分表示生物学性别的性（sex）和表示社会性别作用的"女人味/男人气概"的性别（gender）。性别（gender）的观点认为，在社会上被视为"女人味/男人气概"的特质并非与生俱来的，而是被建构且可以改变的。就这点而言，性别（gender）是一个划时代的概念。它不是将不擅长运动的男子说成"没有男人气概"，而是让人们可以质疑为何运动与"男人气概"相关联。

最初以生物学特征区分男女两性的人们，将性（sex）与性别（gender）理解为它们处于学习各自社会的"女人味/男人气概"的关系中，这被称为"生物学性基础论"。

但是，随着研究的推进，人们发现生物学性别本身无法清楚区分男女两性。生物学性别通过染色体、荷尔蒙、生殖器官被确定下来，但是无论从哪个层面看，男女的性分化并不明显。

如果生物学性别是程度问题，那么将区分男女正当化的就不是生物学性身体，而是"人类是男或是女"这种社会信念，即性别（gender）。如此一来，性（sex）与性别（gender）的关系就完全颠倒了。不是先有性（sex）再有性别（gender），而是先有"人类是男或是女"这种性别（gender），再基于此将性（sex）分成男女。换言之，对于人类而言，性（sex）是极具社会性的，我们容易连身体都通过性别来理解。

从性别的视角来看，女人因为生孩子所以要操持家务、养儿育女，男人因为不生孩子所以要工作打拼。对于那种希望能够拥有无须操持家务、养儿育女且可以24小时工作的劳动力的公司而言，这种被称作"性别角色分工"的观点是有利的。但是，这也导致过劳死或因裁员自杀者多为男性。而这些都是因为受到了"会赚钱的才是男人"这种"男人气概"的影响。此外，"苗条的女人才漂亮"，这种认知给瘦身产业带来了莫大的利益，但同时也引发了不少女性因节食减肥而患上厌食症进而丧命的悲剧。换言之，我们会发现，即使拥有不同个性，每个人都受缚于"女人味/男人气概"而艰难地生存着。

因此，性别（gender）这个概念其实是让我们重新审视与人类的性（sex）相关的常识，为我们每个人打开了一条通向无须受缚于"女人味/男人气概"而自由生存的社会道路。如今，性别（gender）是联合国等国际机构和各国教育机构频频提及的词语，是被人们广为认同的重要概念。

3 性别（gender）与性爱（sexuality）

另一个与性别（gender）紧密相关的重要概念是"性爱（sexuality）"。这是因为"女人味/男人气概"是以异性为前提的。

一般认为，人类无论是谁都是非男即女，男女相互吸引的异性恋是自然而然之事。但是，事实上从古代开始就有关于同性性爱关系的记载。

我们可以设想：如果异性恋让人感到别扭，那么我们就可以将异性恋作为一种社会制度，即"异性恋规范（强制异性恋）"来重新审视；如果异性恋并非"自然"而是"制度"，那么异性恋的前提"男女是正相反的"这种主张也是被建构的。异性恋并非由正相反的男女相互吸引而自然而然产生的，而是作为一种制度的异性恋要求男女要正相反。那么，"强、大、硬"是"男人气概"，"弱、小、软"是"女人味"，这种性别特征也是为了维持"异性恋规范"而被设定的。正因为是被设定的，所以从宝宝出生前的襁褓到死亡后的谥号，都被要求强调"性别差异"。

此外，异性恋与同性恋的差异，与其说是与性爱（sexuality），不如说与性别（gender）的相关性更大。原本将性爱（sexuality）的对象区分为异性、同性这个标准就是以性别（gender）为前提的。因为异性恋与同性恋是基于性别（gender）的，所以同性恋又分为"男同性恋（gay）"和"女同性恋（lesbian）"。其中，男同性恋常被认定为"像女人的男人"，女同性恋常被认定为"像男人的女人"。

从中可知，我们也是通过性别（gender）来理解性爱（sexuality）的。

我们不难想象在已经渗透到社会角角落落的"异性恋规范"中，同性恋者和性别认同障碍者（指的是自己认为的男性或女性这种"性别自我认同"与身体的性别存在差异者，并非"残障"）的生存处境。"性爱（sexuality）"这个概念，通过审视异性恋的自然性，使得人们开始意识到不应该因为同性性爱而被歧视。

4　为何是语言与性别

那么，我们为何要通过语言来思考性别呢？这是因为人们认为，关于人类的性，即我们认为理所当然之事，是通过语言的描述而成为常识的。不仅如此，我们表达"女人味/男人气概"时利用的媒介之一也是我们的语言。

语言建构了"性"的常识，如果我们将语言作为材料来表达性别（gender），那么可以说能够变革某种"性"常识的也是语言。学习语言与性别（gender）的关系，不仅可以理解与性相关的社会结构和身处社会的自身，而且可以创造更加美好的社会。

语言影响性别（gender），这一点如果将其分为"建构性别（gender）的语言"和"性别（gender）体现的语言"就不难理解。与前者相关的被称为"性别意识形态"，与后者相关的被称为"性别身份"。

5　建构性别的"语言"——性别意识形态

我们的社会存在各种与性别相关的观点，例如"异性恋是自然的""胸部丰满的女人是性感的""谢顶的男人是丑陋的"等。这些都被称作性别意识形态。性别意识形态不过是特定时代的支配关系所建构出来的观点，却成为"常识、知识"束缚着我们的行动。

例如，"乳房是性感的"是现代日本人的常识，这一点与古代日本相反。因为在古代，身穿和服生活的女性如果胸部过大就要用布条束胸使其看起来不那么大。一个来自南太平洋的友人曾对笔者说："日本人会对袒胸露乳一惊一乍，但在我的家乡，我的妈妈和姐姐都是袒胸露乳的。"由此笔者发现，"乳房成为性感代言"本身是被建构的。

虽说如此，我们往往会主动遵从性别意识形态，例如聚拢式内衣畅销，丰胸手术赚钱，既有通过营销"巨乳"而敛财者，也有刊登了"巨乳"女性的艺术照而畅销大卖的杂志。"巨乳是性感的"，这种性别意识形态建构出这些业界人士敛财牟利的支配关系。

为何我们会被性别意识形态所支配呢？人类根据暴力和军事力量来统治他人，但在尊重民主主义的近代社会，这种露骨的支配受到批判。因此，在近代社会，支配者通过将特定的观点常识化而让被支配者主动遵从（即"霸权"，又称作"基于同意的支配"）。只要"巨乳是性感的""谢顶是丑陋的"成为常识，人们就会不断购买胸罩和生发剂。

那么，性别意识形态是如何成为常识的呢？这里，语言理应受到关注。这是因为性别意识形态的常识化是通过语言而被广为表述从而形成的。例如，我们是从何地学习了"谢顶是难看的"呢？典型的是"秃头"这种戏谑话语，以及广告上看到的"头发的烦恼""促进生发""生发""增发"等广告词。

米歇尔·福柯（Michel Foucault）指出，所谓话语，是指"体系性建构所陈述对象的实践"。对什么进行"陈述"这个行为是让"被陈述"者成为具有社会意义的对象。不断陈述"头发的烦恼"是给予头发稀疏以否定意义，并通过此行为将歧视他人正当化。

6 性别体现的"语言"（一）——本质主义①的身份

在语言与性别的关系中，重要的是使用语言表达性别身份。性别身份这个概念诞生于和身份相关的两个观点。

我们在与他人对话时，并非仅仅传达信息，还传达人物的形象。例如，自己是怎样的人，我们如何对待对方，或者会话中出现的第三者是怎样的人，等等。语言行为是建构身份的缘由。

以往人们认为，说话者首先拥有自己的身份，并基于自己的身份选择特定

---

① 所谓"本质主义"，是指将性别、人种、阶层、年龄等影响人的要素视为人的内在特质之一（属性）的想法。本质主义的性别观有以下三大特点：一、性别是二元对立的；二、性别是属性；三、性别有别于语言而存在。详见中村桃子：《"语言与性别研究"的理论》，《月刊语言》2002年第31卷第2期，第24—31页。（译者注）

的说话方式。即便关于性别，一般也认为因为我们是"女人/男人"，所以使用特定的语言表达。如此，将身份视为属性，人基于这种属性才采取语言行为，这种想法叫作"本质主义"。

本质主义涉及"女人/男人"这个属性对语言表达的影响。因此，"女人和男人使用何种不同的语言表达"（即"语言的性别差异"）成为其主要研究内容。

但是，随着研究的进一步深入，人们发现无论男女都会根据不同的情况而选择不同的语言表达。即便是同一个人，也会根据说话对象和场所选择使用不同的语言表达，而且孩提时和成人之后的语言表达也不尽相同。此外，有时男性也使用"女性用语"，女性也使用"男性用语"。如果说人们为了表达事先拥有的身份才使用语言，那么我们无法以此解释以上现象。

7 性别体现的"语言"（二）——建构主义的身份

由此，人们提出了"身份并非语言行为的原因，而是结果"这种观点。我们并非基于"日本人、男性、学生"这种属性采取语言行为，而是根据语言行为建构自己的身份。"我是日本人""作为男人感到羞耻""因为还是一名学生"等语言行为，是将此人作为当时的"日本人""男性""学生"来表达的。

基于性别的视角来看，"女人/男人"这种性别并非属性，而是通过语言行为建构的身份，即"性别体现的"行为的结果。此外，我们通过不断表现某种习惯性特定身份，从而拥有这个身份是自身的"核心"这种幻想。如此，我们将身份视为通过语言行为不断被建构的观点称作"建构主义"[①]。我们在表达建构主义的身份时，有时使用"女性性/男性性"这一表达来替代"女人/男人"。

建构主义的性别身份特征大致有三个。一是性别不过是身份的一个侧面。女性也好男性也罢，并非总是为了表现"女人味/男人气概"而使用语言的。二

[①] "建构主义"是作为本质主义的反命题而诞生，并在近年的社会科学、人文科学等领域引领潮流的认识论和方法论。建构主义的性别观有以下四个特点：性别是多样的；性别是变化的；性别并非主体内在的本质，而是主体的行为；语言行为与性别的关系是相反的。详见中村桃子：《"语言与性别研究"的理论》，《月刊语言》2002年第31卷第2期，第24—31页。（译者注）

是在女性性/男性性中，并不是非女即男（被称作"二元对立"①），而是有多种类型的。如同中学生的"男人气概"和公司职员的"男人气概"不同一般，性别与人种、年龄、职业、居住地等因素复杂相关。三是说话者被赋予的身份与语言表达相互分离。以往人们认为，因为是女人/男人，所以使用"女人味/男人气概"的语言表达。但是，根据建构主义，任何人都会区分使用体现"女人味"和"男人气概"的语言表达。我们能够分析说话者使用何种语言表达是基于其在某种状况和目的采取这种语言行为的主体性。

8 语言资源

阐明说话者主体性的重要概念之一是语言资源。如果我们是通过语言行为来表达各种身份的，那么社会上就存在先于语言行为表达身份的材料，也就是语言资源。其中就包括特定语言表达与特定团体的关联性（也被称作"指标性"）。在日本，"私おなかすいたわ（我肚子饿了哦）"与女性性相关联，"おれ腹减ったぞ（我肚子饿了）"与男性性相关联。不仅仅是性别，我们拥有各种与年龄、职业、出生地、阶层团体相关联的语言表达的知识，并将这些知识作为资源加以利用从而表达各种身份。如果没有资源，我们就无法表达。同时，这些资源有着只能现在使用的限制。因为有限制，所以才有创造。

当然，可用于身份表达的资源并非仅局限于语言。服装、发型、动作、行动等都是重要的资源。但是，从广义上讲，这些也可以认为是"语言"。身穿"水手服"就可化身女中学生，这也是因为"水手服"和女中学生的身份相关联。

此外，语言资源这个观点的前提是我们的语言行为拥有让现在的"女人味/男人气概"变化的力量。要想让别人理解我们自身的语言行为，必须使用社会公共资源，而社会只为我们准备了与特定身份相关联的资源，例如与女性性相关的"私～だわ（我……哦）"和男性性相关的"おれ～ぜ（我……哉）"。但是，"私～だわ（我……哦）"和"おれ～ぜ（我……哉）"往往不适用于现实的语言行为，这是因为用特定语言表达相关的身份范畴是有限的。其结果就是，我们

---

① 所谓"二元对立"，是指性别只有"女性"与"男性"两种，且两种性别在所有方面都处于对立。详见中村桃子：《"语言与性别研究"的理论》，《月刊语言》2002年第31卷第2期，第25页。（译者注）

将这些与身份相关的有限资源经过各种组合或拆分来表达多样的身份（中村桃子，2007）。

建构主义最重要的贡献是，明确了这种"错位的语言行为"中存在着变革现今性别秩序的可能性。在语言与性别的研究中，比起遵从规范的说话者，研究的焦点更在于破除规范、跳出既有身份的说话者上。

9　改变社会的语言

如果性别意识形态和性别身份都是通过语言建构的，那么能改变它们的也是我们的语言行为。语言与性别的研究受到关注，其理由之一也是人们期待语言具有改变社会的力量。

如果"巨乳是性感的"这种性别意识形态是根据"对什么进行描述"的话语而建构的，那么只要我们通过不断发表"仅凭胸部大小无法决定女性的魅力"这种言论，就可以改变这种既有观点。

性别身份亦如是。例如，日本中小学女生不使用与"成人的女性性"相关联的自称词，而用"うち・ぼく・おれ（uti、boku、ore，都表示'我'）"来称呼自己。这种"错位的语言行为"可能引起现今某种范畴的变化。中小学女生的"うち・ぼく・おれ（uti、boku、ore，都表示'我'）"也许会改变女性使用"わたし（watashi，我）"、男性使用"ぼく（boku，我）"这种二元对立范畴。

说到语言与性别研究，许多人会认为其研究的仅是"女人和男人使用何种不同的语言表达"。但是，在建构主义看来，这种研究主题是无意义的。这是因为我们的语言表达经常发生变化，我们无法提炼出恒常不变的语言性别差异。相反，我们必须明确的是：哪种语言资源被用于"体现性别的"行为之中，这些资源是怎样成立的，以及我们的创造性语言行为如何改变现今的"女人味/男人气概"。

女权主义理论[①] 40多年的发展，使得在人文社会科学的研究中考虑性别因素变成理所当然之事。"无论哪种现象，一旦抛开性别就无法解释说明，但无论哪种现象也无法仅凭性别进行解释说明。"语言与性别研究，并非关注说话者的性别与语言表达的直接关系，而是多角度地探究性别与语言的关系。在这一研究过程中，话语分析、会话分析等多样的研究方法被运用，有关语言的各种研究被推进。

10 致各位读者

本书共分5个部分。

Ⅰ 被建构的"语言"：该部分探讨"女性用语""男性用语""方言"等体现身份的资源是如何形成的，以及当前最新的研究方法。

Ⅱ 媒体建构的"性别"：该部分希望各位读者通过了解在漫画、电视剧、小说中何种性别意识形态和语言资源被建构，掌握如何客观评价作为"性"常识生产地的媒体。

Ⅲ 创造的"语言"与抵抗的"语言"：该部分探讨之前往往被视为"语言的混乱"而成为批判对象的年轻女性的男性用语、性爱（sexuality）和礼貌。希望各位读者能充分享受基于之前完全不同的视角来重新审视建构主义之妙趣。

Ⅳ 变革的"语言"：该部分探讨歧视表达、"性骚扰"和围绕名字的论争。希望各位读者通过学习，进而思考以下事实：我们身边这些为实现男女平等的政策和语言是通过许多人的努力才得以实现的。

Ⅴ 话语研究的路径与方法：该部分将介绍语言研究的推进方法。希望各位读者在学习了各章的主题后，在收集数据、撰写读书报告或毕业论文等方面有所收获。

此外，每一部分最后都有专栏。在专栏中，我们选取了各部分无法穷尽的

[①] 女权主义（feminism），亦称"女性主义"，源于西方社会的妇女运动，是主张妇女在政治、经济、文化和社会等方面享有与男子平等权利的社会学理论。女权主义不仅关注女性地位的提升，谋求女性在政治上获得与男性对等的权利，而且提倡语言改革，要求改革性别歧视表达，使用非歧视性表达。女权主义理论（feminist theory）是女权主义在理论和哲学范畴的延伸，旨在理解性别不平等的本质。它在多个学术领域观察女性的社会角色、经验、利益和政治参与，例如人类学、社会学、传播学、精神分析学、经济学、文学、教育学和哲学。（译者注）

最前沿的主题进行探讨。可以说，这些是今后研究主题的宝库，因此请各位读者务必参考。

　　通过性别来看语言我们会发现，不仅"性"常识是由语言建构的，语言是身份的资源，而且语言拥有改变社会的力量。如果通过阅读本书，各位读者能够获得思考语言、性别、自我和社会的关系之新视角，则幸甚之至。

参考文献

遠藤織枝，2001．女ことば—女は変わったか　日本語は変わったか—［M］．東京：明石書店．

中村桃子，2001．ことばとジェンダー［M］．東京：勁草書房．

中村桃子，2007．〈性〉と日本語—ことばがつくる女と男—［M］．東京：日本放送出版協会．

日本語ジェンダー学会，2006．日本語とジェンダー［M］．東京：ひつじ書房．

ミシェル・フーコー，1981．知の考古学［M］．中村雄二郎，訳．東京：河出書房新社．

I

被建构的"语言"

"女性用语"的历史
——基于元话语的新视角

中村桃子

---

1 为何是"女性用语"

社会上对女性的语言表达很敏感。

「女の子なんだから、もっと丁寧な言葉づかいをしなさい。」
　"因为你是女孩子,所以请用更礼貌的表达。"
「きれいな女性なのに、言葉づかいが汚くてげんめつ。」
　"这么漂亮的女性,语言表达这么低俗让人失望。"
「女なのに、オレなんて、おかしい。」
　"明明是女人却自称ore(男性第一人称),真可笑。"

如果去书店,你就会发现《美女的说话方式》《人们喜闻乐见的说话方式》等图书比比皆是,仿佛女人味是通过"说话方式"来体现的。然而,如果我们稍加思考就会发现,女孩子会被他人提醒"请用更礼貌的表达",但没有人会对男孩子说"请用更粗鲁的表达"。

为何女人味会通过说话方式来体现呢? 为何我们只对女性而不是其他人的语言表达如此敏感呢? 只要稍加思考女性用语的历史,我们就能明白"语言"和"女人味"的关联是如何产生的。

2 围绕女性用语的既有观点

如果有人问"女性用语是什么",可能大部分人会回答"是女性使用的语言表达"。女性使用与男性不同的语言表达,因此这些语言表达也自然而然成为女性用语。女性之所以使用与男性不同的说话方式,是因为女性的说话方式反映了女人味。如果按照这种观点,那么女性用语与女人味相关联是理所当然的,这种关联性是如何产生的也就不再是问题了。

此外,这种观点认为,女性从古至今实际使用的语言表达变成了女性用语,因此,"女性用语的历史"就是指追溯各时代女性所使用的语言表达。既有的研究认为,室町时代①在宫中工作的女官们使用的"女房詞(女房词)"、江户时代②的"遊女言葉(游女用语)"等是日本女性用语的起源。换言之,女性使用的语言表达被人们认为其与女性用语直接相关联。

但是近年来,人们发现这种观点存在许多问题。下文,我们将通过既有观点的几个问题点来概览有关女性用语的新观点。

2.1 既有观点的问题点一——作为规范的女性用语

第一大问题点是,既有观点无法解释说明女性用语拥有让"女人应该这样说话"的规范作用。女孩子被提醒"要更加礼貌地说话",《美女的说话方式》等图书的热卖,这些也是因为女性用语是一种必须通过努力才能掌握的规范。

女性用语并非女性自然而然使用的说话方式,而是为了通过语言表达来体现女人味而强加给女性的一种说话方式。社会性建构的"女人味"和"男人气概"需要能够体现这些内容的媒介,如服装、动作、语言表达等。作为这些媒介之一,女性用语拥有每当使用女性语言就生产女人味的功能。

2.2 既有观点的问题点二——作为知识的女性用语

第二大问题点是,既有观点无法获取"这种说法方式是女性用语"的相关

① 室町时代(1338—1573),是日本史中世时代的一个划分,名称源自幕府设在京都的室町。其开始于1338年南北朝时代的足利尊氏建立室町幕府,结束于1573年织田信长废除将军足利义昭。(译者注)

② 江户时代(1603—1867),也叫作德川时代。从庆长八年(1603)德川家康被任命为征夷大将军在江户开设幕府开始,到庆应三年(1867)第15代将军德川庆喜的大政奉还带来的王政复古结束,历时265年,其间江户作为日本的政治中心。江户时代多与安土桃山时代并称为近世,是日本封建社会最后一个时期。(译者注)

知识。如果女性使用的说话方式就是女性用语,那么所有女性都理应使用女性用语。然而,现在某些女性用语变成了标准语。虽然多数日本人在生活中往往使用其居住地区的语言,并未经常性地使用女性用语,但他们知道什么是女性用语。

人们通过电视或电影中出场人物的对话习得女性用语。换言之,对于几乎所有的日语使用者而言,所谓女性用语,与其说是日常使用的语言表达,不如说是"这种说话方式是女性用语"这一知识。

例如,女性用语的特征之一是"わたし〜だわ(我是……哦)"这一类与女性性相关联的语言表达所表现出的指标性。一直以来,人们认为指标性是某个集团因反复使用特定的语言表达而形成的。因为女性反复使用"わたし〜だわ(我是……哦)",所以这种语言表达才与女性性相关联。但是,如"语言与性别的关系"这一章所述,女性的语言表达丰富多样、变化多端,我们无法断定所有女性都一直使用"わたし〜だわ(我是……哦)"这种表达。

一般认为,我们从各种媒介的对话中习得指标性。这一点,从有些指标性中从不存在说话者这一现象便可一目了然。例如,我们虽然从未见过外星人,但是拥有外星人用高亢的金属音说"我们是外星人"这种认知。这是因为,一直以来电视里播放的外星人就是这样说话的。

经过翻译的语言能够充分体现"女性用语是一种知识"。例如,在《哈利·波特与魔法石》中,赫敏·格兰杰是这样出场的:

> 「まあ、あんまりうまくいかなったわね。私も練習のつもりで簡単な呪文を試してみたことがあるけど、みんなうまくいったわ。私の家族に魔法族は誰もいないの。だから、手紙をもらった時、驚いたわ。」

> "看来不怎么样,是吧? 我也试过几个简单的咒语,但都很有用呢。我家没有一个人懂魔法哦。所以,当我收到信的时候,我很吃惊呢。"

当时赫敏·格兰杰只有11岁,是一个小学五年级女生,但她的台词翻译成日语后变得很有女人味,如"わね(吧)""いったわ(有用呢)""いないの(没有哦)""驚いたわ(很吃惊呢)"。应该没有哪个日本小学五年级女生会用这种说话方式吧。从日本人口中不太听得到的女性用语却从理应使用英语的11

岁少女口中听到了。赫敏·格兰杰并非个例。在日常生活中,使用典型女性用语的往往不是日本女性,而是出现在译文中的外国女性。

为何会发生这种情况?这是因为译者所拥有的女性用语的相关知识对翻译过程产生了影响。明明是相同的语言表达,女性使用了就被翻译成女性用语。这体现了女性用语是一种知识,即"这种说话方式就是女性用语"。正因为它是知识,不仅是女性,所有人在建构特定的女性形象时都可以将女性用语作为资源加以利用。

2.3　既有观点的问题点三——女性用语是被建构的

第三大问题点是,如果女性用语是女性们实际使用的语言表达,那么女性都应使用类似的说话方式,但是最近的研究发现,女性和男性均使用丰富多样的语言表达。如果女性的语言表达是变化多样的,那么我们就无法想象丰富多样的女性语言表达能自然而然地成为单独的范畴。我们不得不认为,女性用语是在与女性实际使用的语言表达不同的次元被建构的。

但是,有些人可能会说:"现在的女性确实不太使用女性用语了,但以前的女性是使用的。"然而,我们查阅以前的资料后发现,无论在哪个时代都有不使用富有女人味的语言表达的女性。

例如,明治时代①初期的女学生穿着男式裙裤和木屐,戴着护腕,腋下夹着外文图书行走在校园内外。她们既使用"ぼく・きみ・～君 (boku·kimi·～kun)"② "やあ（啊）""～したまえ（请）"等语言表达,又使用汉语词汇和外来语。

> 「おちやさん僕③の北堂 (母) がね先日お前はモウ他へ嫁さないと〈時〉
> が〈後〉れるから人に依頼して置たと申しましたが否なこと……」
> 「本とうにそうですよ曖昧とした亭主なんぞを持のは不見識ですよ君

---

① 明治时代,是指从1868年（庆应四年、明治元年）9月8日的明治改元,到1912年7月30日明治天皇驾崩,皇太子嘉仁亲王登基改号大正的这段时间。如果从历史学上的划分来讲,明治时代可能指从1853年美国人佩里率领的舰队叩开日本大门从而开始的幕末维新期的动荡时代,到明治天皇驾崩后的大正政变这段时间更合适。（译者注）

② "ぼく・きみ・～君 (boku·kimi·～kun)"分别为男性第一人称、男性称呼女性的第二人称或上对下的第二人称、表敬意的接尾词。（译者注）

③ 本书中的下画线均为原文作者所标。（译者注）

きツと北堂へ断りたまへ……」

（『読売新聞』1875年10月3日）

"落山，我妈前些天对我说我若再不嫁人就迟了，所以她拜托别人帮我物色对象。真是讨厌……"

"确实如此，有一个粗俗下流的夫君是不明智的，请你明确拒绝你妈。"

（《读卖新闻》1875年10月3日）

那么，为何人们相信"以前的女性说话有女人味呢"？理由之一就是，我们经常在报纸的"读者来信"等栏目看到诸如"<u>最近</u>，女性的语言表达男性化了"这样的感叹。

<u>最近</u>、自分も含め、若い女性の言葉遣いの悪さが目立つように思う。

——22歳大学生（『朝日新聞』1999年3月11日）

我认为，最近，包括我自己在内，年轻女性语言表达的恶俗化越发明显了。

——22岁大学生（《朝日新闻》1999年3月11日）

有意思的是，这种"最近女性用语很混乱"的感叹，从明治时代起一直延续至今。换言之，人们至少对"最近女性用语很混乱"持续感叹了150余年。

如果持续批判了150余年都未能阻止"混乱"，那么通过不断投稿来阻止这一现象的发生没有任何意义。但是，不断诉说"<u>最近</u>，女性的语言表达很混乱"这种行为，发挥了建构以前女性使用富有女人味的表达这种幻想的重要作用。我们必须要摆脱"<u>最近</u>，女性的语言表达很混乱"这个诅咒和束缚。

3　有关女性用语的新观点

我们概括一下基于以上讨论而浮现的新女性用语的形象。所谓女性用语，并非女性一直使用的语言表达，而是"女人应该这样说话"的规范，是"这种语言表达是女性用语"这一知识。但即便如此，人们还是相信它是"女性实际使用的语言表达"这种抽象的范畴。

这并非意味着女性用语与女性使用的语言表达毫无关系，而是提议将女性与女性用语相分离，将女性用语视为谁都可以使用的资源。女性们即便受限于女性用语这个规范，但可以在各个场合通过用或不用女性用语创造性地表达自身。因此，女性的语言表达是丰富多样的。

4　什么建构了女性用语——元话语

如果女性用语并非女性使用的语言表达，那么究竟是什么建构了女性用语呢？米歇尔·福柯的观点值得思考。我们在"语言与性别的关系"这一章也提及过，米歇尔·福柯指出，所谓话语，是指"体系性建构所陈述对象的实践"。"对什么进行陈述"的话语，如果这个"什么"是具有社会意义的对象，那么建构女性用语就是对女性的语言表达"进行陈述的语言"。

对语言表达"进行陈述"的话语，本章将其称为"元话语"。所谓"元语言"，指的是如同"'书'这个词语是名词"一般，使用语言对"书"这个词语进行阐述。其中，如同在讲了什么之后又补充道"这是玩笑"一般，对语言的使用方法（解释方法）进行陈述叫作"元语用论"。按照这个概念，对女性的语言表达"进行陈述"的话语就是"元语用论话语"，在此我们简单称其为"元话语"。

建构了女性用语的元话语，包括电视剧、电影、漫画、小说、电子游戏等作品中出场人物所使用的语言表达，以及对女性的语言表达"进行陈述"的评论、报纸投稿、教材、词典、礼仪指南用书等。

5　新女性用语的历史

"新女性用语的历史"与之前截然不同，虽然还是刚刚被探索的领域，但已经阐明一些未知的事实。下文，我们将概览新型研究的特征，并列举几个有意思的相关例子。

5.1　元话语的分析

新女性用语的历史研究并非分析女性使用的语言表达，而是分析对女性的语言表达"进行陈述"的话语。这是因为,研究认为是元话语建构了女性用语,而并非女性的语言表达。

例如,建构了女性用语规范的是自镰仓时代①一直延续至今的有关女性说话方式的礼仪指南书籍。本章开头提及的《美女的说话方式》等礼仪指南用书,实际上在镰仓时代就有了,当时叫作"女训书"。到了江户时代,私塾等机构将这些女训书作为读、写的教材使用;而在明治时代,这些女训书则成为学校让学生修身养性的教科书。"二战"后,它们变身为现代礼仪指南用书。然而,我们看不到有关男性语言表达的礼仪指南用书。

当然,时代不同,女性的说话方式也会发生相应变化。在女训书中反复出现的是"女はしゃべるな(女人勿言)"这个训诫,虽然现代礼仪指南用书没有明确规定哪些话"勿言",但是所有礼仪指南用书有一个共同点,即把女性的语言表达作为"应该……"的规范对象进行陈述。这是既有的事实。日本具有对女性的语言表达规范"进行陈述"的悠久历史,这就产生了"女らしさは言葉づかいに表現されるべきだ(女人味就应该通过语言表达来体现)"这种观念。

5.2 政治、经济背景的分析

若想阐明关于特定"进行陈述"的话语为何有意义,为何被社会广为接受,那么考虑该时代的政治、经济背景就显得十分重要。芸芸众生对各种团体的语言表达"进行陈述",其中就有该时代普遍流传的元话语。

例如,昭和时代②的战争期间,产生了大量将女性用语作为天皇制国家的传统予以赞赏的元话语。在之前的明治时代,"女学生ことば(女学生用语)"等与女性相关的语言表达被视为不好的语言,被当时逐步规范的"国语"排除在外。但是,在战争年代,女性用语却被视为日本独有的、日语优位的象征。当时,

---

① 镰仓时代(1185—1333),是日本历史中以镰仓为全国政治中心的武家政权时代,历经149年。因源赖朝于1185年击败竞争对手后,在镰仓建立幕府,故名。镰仓是神奈川县一个临海的城市,一座有近千年历史的古城。镰仓兴建于公元12世纪,作为当时的政治中心,佛教文化繁荣。镰仓幕府时代结束后,镰仓古城一度衰落,但是保存了相对完好的古建筑群。从江户时代开始,镰仓作为首都附近的旅游胜地又再次兴盛起来,到了近代,镰仓成为文豪最喜欢旅居的文化之城之一。现在的镰仓是继京都、奈良后日本的第三座知名古都。(译者注)

② 昭和时代(1926—1989),是指冠了昭和年号的时代,但是它与明治时代、大正时代不同,不能说是一个能用某种特定形象来描述的时代。因为昭和时代跨越了第二次世界大战,日本在第二次世界大战战败后变化过大,战前和战后可以说是完全不同的时代。(译者注)

作为女性用语的起源被提及的是女房词。国语学者菊泽季生在1929年出版的《妇女的语言特征》中指出，女性语言表达的特征是"礼貌""优雅""委婉（间接的）""回避汉语"。

鹫留美（2000）指出，当时女性的语言与女房词首次被一起讨论。换言之，现在理所当然地被视为女性用语起源的女房词，竟是在昭和时代战争期间形成的，这令人趣味盎然。

为何在这个时期产生了将女房词作为女性用语的起源进行陈述的话语呢？在菊泽季生发表论文之后，众多国语学者指出，女房词的缘起是"畏れ多くも内裏仙洞にあり（天皇家にある）"①。女房词被提及，是为了将女性用语建构为天皇制国家的传统。如同艾瑞克·霍布斯邦（Eric Hobsbawm）和克莱因·兰格因（Terence Ranger）所指摘的，所谓传统并非因为在该区域长期存在，而是通过历史性建构合乎逻辑的过去和连续性"创造"的（霍布斯邦，兰格因，1992）。

那么，为何将女性用语作为天皇制国家传统的这种元话语会被广为普及呢？在昭和时代战争期间，日本不同于明治时代，开始对外扩张，建立殖民地。在殖民地，日本采取了向大众植入"日本精神"的同化政策，其方法之一就是教授殖民地人民日语。教授殖民地人民日语被统治者视为不可或缺的统治手段之一。

在这种状况下，统治者就有必要彰显日语的优越性，将教授日语正当化。因此，统治者最大程度地利用了女性用语。如果将女性用语作为源自天皇的正统日语，那么就能证明日语的优越性。在战争时期赞赏女性用语的元话语广为普及，使女性用语成为日语传统，这与日本的殖民侵略密不可分。

之后，女性用语被视为日语的传统。我们如此在意女性的语言表达，是因为如果女性没有我们预想的那样谈吐，我们会认为日本的传统在崩塌。

5.3　元话语和女性语言表达之间的关系

新女性用语的历史研究分析元话语与女性的语言行为相互影响的关系。

---

① "畏れ多くも内裏仙洞にあり"这句话来自日本国语学者菊泽季生发表于1933年的论文《国语位相论》中的"女房詞の起源は畏れ多くも内裏仙洞にあり"，菊泽季生认为日语女房词的起源是天皇家。"畏れ多くも"是对贵人或尊敬之人有失礼仪感到不胜惶恐，"内裏"是指天皇的私人区域，即皇居、宫殿，"仙洞"是指退位后的上皇的住所或上皇。（译者注）

这个崭新视角阐明了什么呢？其一是元话语拥有赋予特定团体的语言表达"优质语言/劣质语言"这种价值判断的力量。因此，即便特定团体开始使用独创的语言表达，但是否将其视为正当的日语变化则取决于元话语，而并非该语言表达自身的特质。我们看一下明治时代的"女学生ことば（女学生用语）"的例子。

我们前面已提到明治时代初期的女学生与男学生不仅服饰雷同而且语言类似。但是，对于刚经历的西欧化感到危机感的明治政府，在1879年通过"教学圣旨"，宣称实施基于儒教的道德教育。女子教育的目的是培养贤妻良母，包括语言表达在内的女训书的规范也是其内容之一。

在这种压抑束缚的状况下，部分女学生开始使用诸如"よくってよ（好啊）""知らないんだわ（不知道哇）"等之后被称作"てよだわ言葉（teyodawa用语）"的语言表达。女学生开始使用这种语言表达的原因现在还没有定论，但从中我们至少可知，"てよだわ言葉（teyodawa用语）"是展示与学校强压给她们的贤妻良母不同的新身份的语言。1902年的《读卖新闻》也表示，"「イーコトヨ」「キイテヨ」「シラナクテヨ」等野卑なる言語は将来廿世紀の賢母良妻たらん人には苦々しき次第〔'いいことよ（好的）''聞いてよ（听我说呀）''知らなくてよ（不晓得）'等鄙俗的语言不适合20世纪的贤妻良母们〕"，批判这些语言表达不适合贤妻良母。

再则，知识分子们主张"てよだわ言葉（teyodawa用语）"是源自身份地位低下者的语言表达。作家尾崎红叶认为，"てよ・だわ（teyo、dawa）"是"将军家的随从（身份可疑）之女"使用的语言；雕刻家、东京美术学校教授竹内久一则认为，"那些原本是艺人们所使用的语言"。这里也建构起了"卑贱的起源"。

此外，当时的口语文典（语法书）和国语读本（教科书）没有将"てよだわ言葉（teyodawa用语）"认可为正当的日语，甚至根本没有将其收录到书中。而男学生的"书生用语"却被多用于文典或读本。两者形成了鲜明的对比。

重要的是，"てよだわ言葉（teyodawa用语）"成了"不好的语言"。这并非"てよだわ言葉（teyodawa用语）"本身不好，而是知识分子和国语学者的元话语将其"丑化"了的缘故。这些元话语广为普及的背后是明治政府的方针政策在推动——通过区分作为劳动力、兵力的男性国民和作为贤妻良母的女性国民从而推进日本的近代化。因为"てよだわ言葉（teyodawa用语）"脱离了贤妻良母，所以称其为"恶化"的语言表达是有意义的。

即便现在，中小学女生的"男性用语"以及"ギャルことば（辣妹用语）""オネエことば（娘娘腔用语）"等也经常被媒体提及。这些语言表达是作为一时的潮流被随即遗忘，还是会改变日语，这与其说是由语言表达本身的特质或使用者人数决定的，还不如说是受通过元话语被赋予了怎样的价值所左右的。

从"てよだわ言葉（teyodawa用语）"到女性用语的发展过程，也是由小说或教材这种元话语主导的。虽然"てよだわ言葉（teyodawa用语）"受到激烈的批判，但是明治时代的小说家为了塑造女学生这种出场人物往往多用"てよだわ言葉（teyodawa用语）"。其结果导致"てよだわ言葉（teyodawa用语）"变成表示女学生的"女学生用语"。这种"女学生用语"通过教科书等，在战争年代被吸纳到备受赞赏的女性用语当中（中村桃子，2007）。

6 今后的"语言"观

本章概览的"女性用语的历史"给我们的"语言"观带来了怎样的崭新视角呢？第一，元话语的重要性。如同女性用语与女人味相关联一样，元话语拥有特定的语言表达与特定团体相关联赋予创造性语言表达价值的力量，例如"てよだわ言葉（teyodawa用语）"。第二，如同战争时期对女性用语的赞赏一般，元话语拥有价值意义并得以普及是因为受到该时代、区域的政治、经济状况的影响。换言之，特定的政治、经济状况使得特定的元话语得以普及，这些元话语赋予各种语言表达以价值。若如此，可以说所谓语言并非其自身自然而然发生变化的有机体，而是与各时代、区域的政治、经济状况密切相关进而发生变化的。

我们现在被无数元话语包围，例如"你是女孩子，所以请用更礼貌的语言表达""这是受欢迎的说话方式""最近，女性的语言表达很混乱"。也许，迄今为止我们对这些元话语习以为常。但是，看了本章之后，笔者希望各位读者能思考在现今这个时代是什么给予这种话语意义，人们通过"语言"向女性寻求什么，也希望各位读者能收集身边的元话语。

参考文献

エリック・ホブズボウム，テレンス・レンジャー，1992．創られた伝統［M］．前
　　川啓治，梶原景昭，他訳．東京：紀伊国屋書店．

遠藤織枝，1997．女のことばの文化史［M］．東京：学陽書房．

中村桃子，2007．「ことば」はつくられる［M］．東京：ひつじ書房．

林博史，中村桃子，細谷実，2009．暴力とジェンダー―連続講義―［M］．東京：
　　白澤社．

鷲留美，2000．女房詞の意味作用―天皇制・階層性・セクシュアリティ―［J］．女
　　性学年報（21）：18-35．

"男性用语"的历史

——以"おれ（ore）""ぼく（boku）"为中心

金水敏

1 "男性用语"的语言资源

　　首先，我们将列举男性用语的典型例子。事实上，这些例子并非男女严格区分使用的，而是根据区域、年龄和语境的不同而有所不同。可以说，我们通过在小说、电视剧等虚拟世界中区分撰写男女的台词来认识男性用语和女性用语（金水敏，2003）。如果"'女性用语'是被建构的"（中村桃子，2007a），那么可以说男性用语也是被建构的。

　　（1）代词

　　"ぼく（boku）""おれ（ore）"被视作典型的男性用语。当然，"わたし（watashi）""わたくし（watakushi）"作为郑重的表达而男女通用。第二人称的"おまえ（omae）"容易被视作男性用语。"きみ（kimi）"也同样如此，但最近人们也开始视其为年轻女性使用的语言了。

　　（2）断定形式

　　断定形式指的是"雨だ（雨）""きれいだ（漂亮、干净）"等构成名词谓语句、形容动词句的"だ（da）"，或者"行くんだ（去的）""おいしいんだ（好吃的）"等构成"ノダ（noda）"句的"だ（da）"在句末单独使用的形式，以及"～だね（是……吧）""～だよ（是……哦）""～だよね（是……的吧）"等与终助词一起使用的形式。女性用语中，如"今日は雨φよ（今天下雨哦）""とてもきれいφね（真漂亮啊）""私、うれしいのφ（我很高兴）"所示，一般省略"だ（da）"。但当与"（上升调的）わ（wa）"共现时,例如"あら、雨だわ（哎呀,下雨了呀）",也会使用"だ（da）"。此外,对于"今日は雨だから（因为今天下雨）""今日は雨だけど（虽然今天下雨……）"等条件句,无论是男性用语还是女性用语均使用"だ（da）"。

（3）疑问、提问形式

疑问句"雨か?（下雨了?）""行くか?（去吗?）""雨かい?（下雨了?）""行くかい?（去吗?）"属于男性用语。像"雨かね?（下雨了吧）""行くかね?（去的吧?）"等"～かね（kane）"的表达容易被视为老年男性的用语。而像"雨かしら（下雨了?）""行くかしら（去吗?）"等包含"～かしら（kashira）"的表达容易被视作女性用语〔但是,东京的老年男性有时也用"～かしら（kashira）"〕。

（4）终助词

"行くぞ（去）""うれしいぜ（开心）"中的终助词"ぞ（zo）""ぜ（ze）"被视为男性用语。与此相对,像"雨だわ（下雨了哦）""私も行くわ（我也去哦）""とてもきれいだわ（很漂亮哦）"中的"わ（wa）"则被视为女性用语,但仅限句末轻微上升调的情况,下降调时则听起来像男性用语。

（5）命令、依赖、禁止形式

"行け（よ）（去）""行ってくれ（よ）（去吧）"等终助词的命令形,以及在其后加上"よ（yo）""よな（yona）"等助词的形式容易被视为男性用语。与此相对,像"行って（ね・よ）"等将"て（te）"形作为核心的命令、依赖形,以及"行ってちょうだい（去吧）""行ってくださる?（能去吗?）"等礼貌的依赖表达则容易被视作女性用语。但是,这些表达在有些语境中即便是男性使用也不会觉得别扭和奇怪。此外,"行きたまえ（去）"让人觉得是上了年纪的、位高权重的男性的语言表达。禁止形式的"行くな（别去）"被视为男性用语,而"行かないで（别去）"则被视为女性用语。

（6）感动词等

"おい（oi）""こら（kora）""おお（oo）"这些感动词被视作男性用语,而"あら（ara）""まあ（maa）"容易被认为是女性用语。"ははは（hahaha）""へへへ（hehehe）"的笑声听起来像是男性发出的,而"ほほほ（hohoho）""うふふ（uhuhu）"则听起来像是女性发出的。

（7）音变、俗语

像"すげえ（厉害）""うるせえ（啰唆）""知らねえよ（不知道）""わりい（差）"这种元音的音变容易被视为男性，而且是中等阶级以下的男性常用的说话方式。"あいつ（那家伙）""そいつ（那家伙）""どいつ（哪个家伙）""ずらかる（销赃）""うせる（死）""くたばる（累）"等被视为俗语的词，不是女性不用，而是更适合男性。

下文，我们将追溯这些语言资源的历史，特别是将流行歌曲等流行文化作品作为资源加以重点关注。这是因为虚构的男性用语（以及女性用语）具有极强的建构特质，其建构性显而易见且清晰易懂。虽然，"现实"生活中的男性用语或女性用语更加多姿多彩、复杂不定。

2　近代之前的语言与性别

本节主要探讨的是日本近代的男性用语。当然，近代之前也有男女语言表达上的差别，但当时的日本是身份社会，性别差异被埋没在各种身份、阶层、职业之下。换言之，在将语言表达差异作为性别差异提出之前，首先应该掌握身份、阶层、职业等方面的差异。例如，《枕草子》[①]中有以下著名言论。

> おなじことなれども聞耳ことなるもの。法師の言葉。おとこの言葉。
> 女の言葉。下衆の言葉にはかならず文字あまりたり。たらぬこそおか
> しけれ。（同じことを聞いても印象がことなるものは、法師のことば、
> 男のことば、女のことば。身分の低い者のことばにはかならず余計な
> ことが含まれる。言葉少なな方が奥ゆかしくてよい。）
>
> （『枕草子』三段，『新日本古典文学大系』25）
> 即便是聆听同样的事情印象也会不同，如法师的语言、男性的语
> 言、女性的语言。身份低下者的语言表达肯定会有冗余的内容。语言

---

① 《枕草子》是日本平安时期女作家清少纳言创作的随笔集，大约成书于1001年。作者清少纳言在宫廷任职期间所见所闻甚多，她将其整理成三百篇。《枕草子》与同时代的另一部日本文学经典《源氏物语》被喻为日本平安时代文学的双璧，还与后来面世的鸭长明的《方丈记》和吉田兼好的《徒然草》并称为日本的三大随笔。《枕草子》的中文译本，以周作人的译本流传最广，评价最高。（译者注）

精练才更为高雅。

（《枕草子》第三段，《新日本古典文学大系》25）

　　值得注意的是，这段文字看起来似乎描述了普通男女的语言表达差异，但是除了男女两性还提及了法师和身份低下者。这里所说的"おとこ（男人）""女（女人）"，如果仅就《枕草子》中的官位而言，就是五品以上的贵族男女，排除了僧侣、身份低下者（六品以下的官员）。不仅如此，没有官位的民众和居住在京城之外者根本入不了清少纳言的法眼。我们之所以将上面的引用部分解读为"普通男女的语言表达差异"，是因为在我们的共同认知中有着"存在普遍的、一般的日语＝**标准语**[①]，这种日语有男女差异"的看法。这种认知是近代之后被建构的。

　　在了解这个事实的基础上，我们从建构了近代男性用语基础的江户时代的江户语[②]开始，回顾一下男性用语的历史。小松寿雄（1985）认为，江户语的形成可分为三个阶段。第一个形成阶段是武士语言的形成阶段，但江户城整体上是方言混杂的状态。第二个形成阶段是连町人[③]阶层也使用江户通用语的形成阶段。小松寿雄认为："上方语与东国语[④]的对立并非方言之间的对立，而是江户语内部的阶层性对立。"（小松寿雄，1985：90）第三个形成阶段是下层的东国语表达逐渐渗透到非下层的过程。武士语言是阶层语言，但同时也是男性用语，因为武士都是男的。如同在第三个形成阶段出版的式亭三马《狂言田舍操》（1811）中所指出的，在町人看来，武士的语言"本江戸（真正的江户方言）"是具有男人气概的语言，是值得赞美的。

　　ハテ江戸訛といふけれど、おいらが詞は下司下郎で。ぐつと鄙しいの

---

① 本书中的粗体字均为原文作者所标。（译者注）

② 江户语又叫作"江戸言葉（江户语言）""江戸弁（江户方言）""江戸なまり（江户腔）"等，是在东京都中心地区（以前的江户）使用的日语方言。江户语属于西关东方言，与山手语等一起构成东京方言。（译者注）

③ 町人是指日本江户时代居住在城市的工商阶层。严格地说，局限于拥有土地、房产的地主等，但也包括工匠等底层人民。（译者注）

④ "上方语"是指上方（京都、大阪）等地使用的日语的变种，特指江户时代的日语变种。不仅在上方等地，在全国都比较通用，它拥有通用语的某种性格。也称作"上方言葉（上方语言）""京阪語・京坂語（京阪语）"。"东国语"是"上代东国方言"的简称，广义上是指奈良时代的东国使用的上代日语。现在的研究一般把上代东国方言分成上代远江（骏河）日语、上代中部日语、实际的上代东国语三种。（译者注）

だ。正銘の江戸言といふは。江戸でうまれたお歷々のつかふのが本江戸さ。これは又ほんの事たが。何の国でも及ばねへことだ。然様然者。如何いたして。此様仕りましてござる。などといふ所は、しやんとして立派で。はでやかで。実も吾嬬男はづかしくねへの

（『校訂滑稽名作集』下，第642頁）（小松寿雄，1985：96）

有人说我有江户口音，说我使用的是身份低下者的语言，既粗俗又不雅。真正的江户方言，是江户土生土长的名士使用的语言。其他地方的语言都不如它（江户名士所使用的语言），这也是事实。会使用"然様然者（果真如此，那么）""如何いたして（如何）""此様仕りましてござる（如此做了）"等表达者，是正经气派、优秀出色的。江户男子没什么好羞耻的。

（《校订滑稽名作集》下，第642页）（小松寿雄，1985：96）

如果翻阅《浮世风吕》①（1809—1813）等作品，我们就会发现江户城里的町人语言几乎没什么男女差别。无论男女，既使用礼貌的语言表达，又使用粗鄙的语言表达。值得关注的也仅有当时女性使用的"遊ばせことば（asobase用语）"。这种语言表达起源于朝廷，并通过武家子女得以使用、推广，而町人通过工作掌握了这种语言。在町人语言中，男性粗鄙的说话方式，如"ちくせうめ、気のきかねへ所にうしやアがる▲ナニてめへ気のきかねへくせに、ざまア見や（畜生，为啥要横尸在这种地方?! ▲像你这种糊涂蛋，真他妈活该）"（《浮世风吕》前篇卷之上，《新日本古典文学大系》86，第16页），女性粗鄙的说话方式，则如"なんの、しおらツくせへ。お髪だの、へッたくれのと、そんな遊せ詞は見ツとむねへ。ひらつたく髪と云なナ。おらアきつい嫌だア（猖狂你个鬼啊! 云鬓这种怪词滥调，asobase用语啥的真叫人恶心。你咋不直接说成头发呢? 老娘讨厌透了）"（《浮世风吕》二篇卷之下，《新日本古典文学大系》86，第133页）。通过这些资料，我们发现无论男女，町人们都使用第一人称代词"わたし（watashi）""おれ（ore）""おら（ora）"。然而，即便是现在，

---

① 《浮世风吕》是式亭三马写的滑稽本，于日本文化六年（1809）到文化十年（1813）之间刊行，全书共分4篇9册。该书以澡堂为舞台，描写了当时底层老百姓的生活。（译者注）

女性用语仍未从男性用语中剥离出来。

3 书生用语的产生

到了明治时代,近代男性用语的基础——"書生ことば(书生用语)"出现了。书生指的是学生。那些为了接受高等教育而从全国各地汇聚到东京的年轻人被称为"书生"。我们从坪内逍遥的《一读三叹·当世书生气质》(以下简称《书生气质》)中选取一例。

（小）アハ……馬鹿ア言ひたまへ。それハそうと。諸君ハモウ。不残帰ツてしまつたのか（須）ウン。今漸く帰してやつた。ドランカアド〔泥酔漢〕が七八人出来おつたから。倉瀬と二人で辛うじて介抱して。不残車にのせてやつた。モウモウ幹事ハ願下だ。ア、辛度辛度（小）僕ハまた彼処の松の木の下へ酔倒れて居たもんだから。前後の事ハまるで知らずサ。それやア失敬だつネエ。ちつとヘルプ〔手助〕すれバよかつた。

（『明治文学全集』16, 第63頁）

　　（小）哈哈,别说傻话了。话说,大家已经回去了吗?（须）是的,刚才我们把大家送回去了。有七八个人烂醉如泥呢。我和仓瀬两个人好不容易才照顾好他们,然后把所有人都送上车了。我再也不想当什么干事了。啊啊,太辛苦了。（小）我醉倒在那棵松树下面了,所以事情的前因后果一概不知。真不好意思,我本来应该帮你们的忙的。

（《明治文学全集》16, 第63页）

小松寿雄(1973)以《书生气质》为语料实施了调查,他指出了书生用语的五大特征:多用"ぼく(boku)""吾辈(wagahai)",多用"きみ(kimi)",多用表示命令的"たまへ(tamahe)""べし(beshi)",多用表示寒暄的"失敬(shikei)",多用汉语词汇和外来语。这里出现了近代男性用语的重要元素"ぼく(boku,男性第一人称代词)"。"ぼく(boku)"是以汉字"僕"的字音为词源的汉语词汇,原本表示身份低微的下人,虽然在汉语中有时被作为极其自谦的自称词使用,但日语的训读往往将其读作"やつがれ(yatsugare)"。

在"僕"被读作"ぼく（boku）"且开始作为自称词使用的阶段，它完全是汉学家随意使用的词语，但到了幕府末期，使用范围就扩大了。小松寿雄（1998）分析了《怪谈牡丹灯笼》①（1884），他指出与现代日语感觉相近的"きみ（kimi）"和"ぼく（boku）"的成对使用除了发生在坊间医生等特殊阶层间，还扩展到了年轻的流浪武士之间。此外，该论文还选取了幕府末期的日语会话书——埃内斯特·马松·萨托（Ernest Mason Satow）编写的《会话篇》（1873）中的"ぼく（boku）"和"きみ（kimi）"进行分析，指出它们被用于体现武士和有教养人群之间的对等关系。

如上所述，"ぼく（boku）"开始流入书生用语并逐渐被普及。书生们后来成为政治家、政府官员、实业家、教师、记者等，形成了引领近代日本发展的知识阶层。

此外，中村桃子（2007a）指出，最初对女子实施高等教育时，女学生也使用书生用语，书生用语并非只是男性专用的语言表达。但是，随着时代的发展，在新闻传媒界，女学生的语言表达从书生用语中剥离出来。在逐渐固化成所谓的"てよだわ言葉（teyodawa用语）"的过程中，"书生用语是男性用语"这种认知也在被普及和强化。

4　从书生用语到少年语

书生用语在产生后不久就吸纳了少年的说话方式。我们推测，近代的精英阶层在养育男孩时可能将书生视为模范。我们发现，书生用语不是作为珍奇的新风俗，而是作为新时代理想的规范被社会迅速接受。若松贱子的译著《小公子方特洛伊》（1890—1892年在《女学杂志》连载，原作品名为 *Little Lord Fauntleroy*）中有这样的表述："〈僕〉も淋しひだろうし、おぢさんだって、さむしがるに〈違〉いないんだもの。（我可能会寂寞，想必叔叔您也会感到孤独。）"（《明治儿童文学：翻译篇》3，第18页）这里的译文让少年主人公薛

---

① 《怪谈牡丹灯笼》是怪谈高手三游亭圆朝的代表作，于日本明治十七年（1884）出版问世，与《四谷怪谈》《皿屋敷》并称为日本三大怪谈，影响了日本的言文一致运动。《怪谈牡丹灯笼》最初由中国传入日本，取自中国明代文言短篇小说集《剪灯新话》中收录的《牡丹灯记》。故事主要围绕手提牡丹灯笼的名叫阿露的幽灵和浪人荻原新三郎的爱恨情仇展开。（译者注）

特利使用了"僕（boku）"。这是"僕（boku）"出现在作品中的早期例子。此外，在1892年刊行的大江（严谷）小波的《当世少年气质》中，主人公清原英磨年仅13岁，是"学习院小学的学生"，伯爵家的第三个儿子，他每天乘坐马车上下学，在他的"いゝからもう泣くのはお廃し！僕が其饂飩の代をだしてやるから、それを持ツて自家へお帰り！（好了别哭了！我帮你把面条的钱付了，你把它带回家吧！）"（《明治文学全集》95，第5页）说话内容中，作者也使用了"僕（boku）"。

少年语所继承的书生用语不仅仅局限于"僕（boku）"，"～たまえ（tamae）"等表达也被纳入少年语。例如，以"雨雨、ふれふれ、母さんが（雨啊雨啊，下吧下吧，妈妈她……）"开篇的北原白秋的《雨》（『あめふり』，收录于1943年发行的诗集《太阳与木枪》），以现代的眼光来看，整首诗歌的内容都比较幼稚，但到了第四段出现了"母さん、僕のを貸しましょうか。君君のこの傘さしたまへ（妈妈，把我的伞借给她吧。嘿，给你撑这把伞吧）"这样的语句。这部分读起来非常成人化。这是因为，现在的少年语中虽然保留了"ぼく（boku）"，但"～たまえ（tamae）"已经消失了。

少年的第一人称代词"ぼく（boku）"，作为少年小说、漫画、连续剧等作品中的主人公的台词被频频使用。宫台真司等（2007：263-264）指出，"二战"前到"二战"刚结束这段时期的少年小说主题，始于滥用疯狂科学家发明的东西而引发"秩序侵犯"，止于主人公"少年"基于"强壮、正确、明亮"的"理想"推动"秩序恢复"，少年小说拥有"以'理想'的实现为媒介的'秩序恢复'"这种普遍的小说结构。这种结构一直延续到"二战"后，并且被少年漫画所继承。大塚英志（1990：30）认为，昭和三十年代（1955—1964）的"少年漫画"具有以下特点："这个时代的'少年漫画'作品的标题，往往被夸张地冠上'少年'两字。"宫台真司等（2007）曾引用过这句话。

像这种"强壮、正直、开朗"的少年主人公的第一人称代词是"ぼく（boku）"，而且支持这类人物、为他们的活跃喝彩、体现"理想"社会的少年共同体则称为"ぼくら（bokura）"。昭和四十年代（1965—1974）以前，面向少年的动画片和电视剧的主题曲中使用了"ぼくら（bokura）"的例子为数不少。例如，"オーがんばれ たのむぞ/僕等の仲間 赤銅鈴之助（哦，加油，拜托了/我们的伙伴们，赤胴铃之助）"（《赤胴铃之助》，1957，作词：藤岛信人，作曲：金子三雄），

"ハリマオハリマオ/ぼくらのハリマオ（哈利马奥，哈利马奥/我们的哈利马奥）"（《快乐哈利马奥》，1960，作词：加藤省吾，作曲：小川宽兴）。这里的"ぼくら（bokura）"并非动画片和电视剧中的少年们，而是看动画片和电视剧的少年们。此外，需要补充说明的是，日本还有名叫《我们》（『ぼくら』）的月刊少年漫画杂志（讲谈社，1954—1969）。

但是，到了20世纪60年代后半期，漫画的主题逐渐发生变化，少年主人公的第一人称代词也逐渐变成了"おれ（ore）"。即便是在现实社会的日常对话中，也出现了少年和青年男子的第一人称代词"ぼく（boku）"使用减少的现象。这个现象，我们将在之后的章节进行讨论。

5 "ぼく（boku）"与"おれ（ore）"

从江户时代末期到明治初期，男性的第一人称代词主要是"わたし（watashi）""わたくし（watakushi）""おれ（ore）"，但因为书生用语"ぼく（boku）"的介入，"おれ（ore）"与"ぼく（boku）"开始相互对立。"ぼく（boku）"通过获取知识分子阶层语言这个位置，让"おれ(ore)"拥有了土著、庶民的语言形象。但"おれ（ore）"本身绝非一个品位低下的词语，是因为"ぼく（boku）"的出现，其地位相应地下降了。我们之前曾提及在若松贱子翻译的《小公子方特洛伊》中，少年主人公薛特利使用"僕（boku）"自称。此外，若松贱子让杂货店店主霍布斯使用"わし（washi）"，而让擦鞋匠迪克使用"おれ（ore）"。为了描写不同的人物形象，译者会区分使用第一人称代词。但是，在这个译本中，译者对挑剔暴躁且身患癫痫的德林克特侯爵使用了第一人称代词"おれ(ore)"〔第二人称代词用了"きさま（kisama）"〕。这个现象告诉我们，"おれ（ore）"是江户时代末期残留下来的品位还不算太低的称呼。樋口一叶在《青梅竹马》①（1895—1896年刊载于《文学界》）中，让即将升学的镇上寺庙住持的长子真如使用"僕（boku）"，而让粗鄙庸俗的裁缝的儿子长吉使用"おれ（ore）"。

---

① 樋口一叶，原名樋口夏子，生于1872年，逝于1896年，是19世纪日本优秀女作家，日本近代批判现实主义文学早期开拓者之一。她被日本文坛称为"明治紫式部"，她的头像被印在5000日元面额的纸币上，成为日本纸币史上第一位出现在纸币正面的女性。《青梅竹马》发表于1895年，它以大黑屋美登利的幼年生活为主，描写了她周围一群孩子受到环境的残害和腐蚀，预示着他们长大成人后的悲惨命运。樋口一叶通过刻画这些生动的人物形象，控诉了女性无论是顺从还是反抗，都无法摆脱生存困境的现实。（译者注）

此外,据记载,从"二战"前到"二战"期间,日本**军队**禁止使用"ぼく(boku)"和"きみ(kimi)",认为这些是"乡下话"(普通人才使用的语言),强制士兵使用"おれ(ore)"和"きさま(kisama)"(例如,池部良《ore与boku——在战场》,中公文库,1995)。再则,高岛俊男(2007)指出,西条八十作词的《同期之樱》的原歌词是"君と僕とは同期の桜(你我乃同期之樱)",但原海军学校71级学生帖佐裕将歌词改为了"貴様と俺とは同期の桜(您与俺乃同期之樱)",而且这个版本到现在还在传唱。

分析"二战"前和"二战"后**流行歌曲**的歌词我们会发现,青春歌谣特别是年轻人的情歌(例如歌谣曲风、民俗音乐、流行歌曲)中多使用"ぼく(boku)",而抒情歌曲、演歌等以劳动(特别是渔夫)、流浪、孤独、饮酒、成功、义理人情等为主题的歌曲中则多使用"おれ(ore)"。总体而言,可以说"おれ(ore)"表现出更强的男性性,而且歌名往往与终助词"ぞ(zo)""ぜ(ze)"共同使用,例如"俺は待ってるぜ"(《我等着呢》,1957,演唱:石原裕次郎,作词:石崎正美,作曲:上原贤六)。此外,以男性的禁欲式共同体为背景的歌曲为数不少,这也是使用"おれ(ore)"的歌曲的特征之一。"俺の目をみろ 何んにもゆうな/男同志の 腹のうち/ひとりぐらいは こういう馬鹿が/居なきゃ世間の 目はさめぬ(看着我的眼睛,什么也别说/男人们的,内心/一人左右,这种傻瓜/没有的话,世人不会醒悟)"(《兄弟仁义》,1965,演唱:北岛三郎,作词:星野哲郎,作曲:北原淳)等是典型事例。

6 "ぼく(boku)"的变质

宫台真司等(2007:278)指出,20世纪60年代后半期的漫画多是"以梶原一骑的体育精神为代表的剧情性很强的作品",但是这些作品的主人公"几乎无一例外来自底层或乡下,他们旨在通过某种'完成课题'而克服被'疏远'的状况",只是"'课题'并非通过复仇或犯罪这种'反社会行为'实现的,而是通过'社会性上升'而达成的,这一点是新发展"。这种来自底层或乡下却通过"完成课题"而上升地位的主人公,往往多用"おれ(ore)"自称,如《巨人之星》(1966年开始连载)的主人公星飞雄马、《明日之丈》(1968年开始连载)的主人公矢吹丈。"おれ(ore)"成为具有男人气概的主人公的代名词后,相对而言,"ぼ

く（boku）"就给人孱弱、幼稚的印象。例如，《机器猫》（1969年开始连载）中的野比大雄使用的"ぼく（boku）"，可以说就是这种孱弱的体现〔粗暴无礼的技安（胖虎）使用"おれ（ore）"〕。此外，"ぼくちゃん（bokutyan）"这个词是揶揄那些无法断乳离巢的柔弱男性的表达，从这个表达中我们也可以看到"ぼく（boku）"形象的变质。

如此，"ぼく（boku）"一词带上了贬义，导致现实社会中男性使用该词的频率减少了。这个倾向在近年特别显著。笔者曾以兵库县西宫市的大学生为对象做了小型问卷调查，在2000年的调查中，6人将"おれ（ore）"作为最合适的第一人称代词使用，而选"ぼく（boku）"的有7人；但在2006年的调查中，选择用"おれ（ore）"的有12人，"ぼく（boku）"则锐减为2人。虽然这是一个样本数量少、统计性弱的调查，但结果与笔者的预期一致，即"おれ（ore）"的使用者增加，甚至出现了在老师面前也使用"おれ（ore）"自称的学生。多名学生表示，他们幼儿时使用的是"ぼく（boku）"，但升入幼儿园、小学或中学之后，他们开始使用"おれ（ore）"。

此外，也有研究指出，常用"おれ（ore）"的学生在和老师对话或找工作面试时不会使用"おれ(ore)"，而会特意使用"ぼく(boku)""わたし(watashi)"等；在东京，同样情况下学生不用"ぼく（boku）"，而倾向于使用"自分（jibun）"（荻野纲男，2007）。"自分（jibun）"是起源于军队用语的第一人称代词（衣畑智秀，杨昌洙，2007），后来成为后援团、体育活动社团成员的用语，并逐渐普及开来。

7 小结

如前所述，现代男性用语的语言资源是以江户语为基础，通过书生用语的渗透而形成，再通过媒体固定地分配给男性的。特别是第一人称代词"ぼく（boku）"直接起源于书生用语，它与"おれ（ore）"相对应。"ぼく（boku）"被视作知识分子阶层的语言，但也被引入了少年语，在少年小说和少年漫画中获得了独特的发展。"おれ（ore）"在与"ぼく（boku）"相对的情况下有时成为非知识分子阶层的用语；有时也作为更积极表达男性性的词语被使用，在这种情况下，往往多与"ぞ（zo）""ぜ（ze）"共用。近年来，"ぼく（boku）"有时也被视为比"おれ（ore）"更幼稚、懦弱的词语，而"おれ（ore）"作为中立的代词使用势头强劲。此外，我们也发现，起源于军队用语的"自分（jibun）"正入侵、占领"ぼく（boku）"的部分使用领域。

参考文献

大塚英志，1990．子供流離譚―さよなら〈コドモ〉たち―［M］．東京：新曜社.

荻野綱男，2007．最近の東京近辺の学生の自称詞の傾向［J］．計量国語学，25（8）：371-374.

衣畑智秀，楊昌洙，2007．役割語としての「軍隊語」の成立［M］//金水敏．役割語研究の地平．東京：くろしお出版：179-192.

金水敏，2003．ヴァーチャル日本語―役割語の謎―［M］．東京：岩波書店.

小松寿雄，1973．「一読三歎当世書生気質」の江戸語的特色［J］．埼玉大学紀要（9）：17-28.

小松寿雄，1985．江戸時代の国語：江戸語―その形成と階層―（国語学叢書七）［M］．東京：東京堂出版.

小松寿雄，1998．キミとボク―江戸東京語における対使用を中心に―［C］//東京大学国語研究室創設百周年記念国語研究論集．東京：汲古書院：667-685.

高島俊男，2007．お言葉ですが……8 同期の桜［M］．東京：文春文庫.

中村桃子，2007a．「女ことば」はつくられる［M］．東京：ひつじ書房.

中村桃子，2007b．〈性〉と日本語―ことばがつくる女と男―［M］．東京：日本放送出版協会.

宮台真司，石原英樹，大塚明子，2007．増補 サブカルチャー神話解体―少女・音楽・マンガ・性の変容と現在―［M］．東京：ちくま書房.

方言的历史

——年轻女性难以使用东北方言的原因

熊谷滋子

1　东北方言让人丢脸吗

如果问大学生最想学的方言是什么，那么他们可能会回答说是关西方言。据说这是因为关西方言比较酷，并且关西的艺人、音乐人、演员们活跃在文艺界。明治时代，日本制定了标准语，方言被视为乡音、不标准的语言。现在时代发生了翻天覆地的变化，虽说如此，但笔者执教的大学位于东海地区①，有很多来自东北地区的学生，他们曾表明"我会拼命隐藏我的口音""入学后，首先要做的就是改正方言"。换言之，与受年轻人欢迎的关西方言不同，对年轻人（特别是女性）而言，东北方言即便是现在也无法被光明正大地使用。

下面，笔者将通过一个例子来说明广受欢迎的关西方言和备受冷落的东北方言之间的差异。2007年4—9月播出的NHK②晨间剧《旅馆之嫁》以岩手县为背景，女主人公是神奈川县人，但回避使用岩手方言。而2007年10月至2008年3月播出的电视剧《酢豆腐》以福井和大阪等地为背景，女主人公正大光明地使用福井方言（被视为与关西方言相近）。似乎年轻貌美的女主人公与东北方言"八字不合"。

---

① 东海地区，是指日本本州岛中部的静冈县、爱知县和三重县所在区域。（译者注）

② NHK是日本广播放送协会（Nippon Hoso Kyokai）的英文首字母。NHK是日本的公共媒体机构，是日本第一家覆盖全国的广播电台及电视台，其第一条广播节目于1925年由其前身东京放送局播出。1926年，名古屋、大阪、东京三地的广播局正式合并为现在的NHK。（译者注）

即便在人们认为自如使用方言是开心愉悦的当下，也存在像这种如果使用东北方言就会觉得害羞、难为情的情况。本章，我们将关注这种被称为"ズーズー弁（zuzu方言）"[1]而受到蔑视的东北方言。

通过思考方言，我们会发现，即便是在价值观丰富多样的现代社会，人们对标准语或通用语甚至"女人味"语言表达仍旧非常敏感。

2　社会方言与形象

"方言"的成立可以追溯到明治时代的标准语政策。通过标准语政策，地方语言被视作非标准，被作为"方言"而"降级"，同时被附加了"不正确""有口音"等印象。这些地方方言，在"二战"后的高速经济增长期[2]，在农村人口朝城市移动、性别分工等新型劳动形态形成等社会变化的过程中，被新赋予了社会方言（由于性别、年龄、职业、地位等社会因素的差异而特征化的语言表达，如"小学生"的语言表达、"便利店店员"的语言表达等）的形象，并被强化。在了解这种历史特征的基础上，下文我们将考察方言与性别的关系。

丹尼尔·朗（Daniel Long）主张，与美国相比，日本的方言只是单纯地表现了地区差异，社会方言性格薄弱（丹尼尔·朗，1996）。但是，笔者认为，至少在有关东北方言的形象方面，他的主张并不符合事实。"二战"后，与东京等城市的工薪阶层和白领使用的标准语相比，东北方言与其说是东北地区使用的地方方言，不如说是一种"乡里乡气的""农民的""缺乏女人味的"语言。换言之，东北方言使用者虽然并非全都从事农业，但使用东北方言会被联想成"乡下人""农民"（井上史雄先生于2009年在静冈大学集中授课时介绍的调查也能支持这个说法）。此外，如果使用"缺乏女人味"的粗野语言表达，那么就会被轻视（在近代化带来的工业化过程中，农业被附加了已经落后于时代的产业形象，"独自"举步维艰）。

---

① "ズーズー弁（zuzu方言）"一般指东北方言，在日本的方言学上则用于指称音韵上没有"し"对"す"，"ち"对"つ"，以及其浊音"じ"对"ず"（"ぢ"对"づ"）区别的方言，也叫作"一つ仮名弁（一个假名方言）"。（译者注）

② 日本经济从1955年到1973年，由于石油危机爆发，实现了持续近20年的令人瞠目结舌的高速经济增长，年平均GDP增长率约为10%，是世界上前所未有的高速增长率，这被称为高速经济增长，简称高速增长。这一时期乃至以这一时期为中心的数十年则被称为高速经济增长期。（译者注）

3 方言与性别差异——围绕自称词"オレ（ore）"

我们之前曾提及东北方言具有"缺乏女人味"的形象，接下来我们将介绍因此而备受困扰的当今女性。福岛县立南会津高中学生制作的影像作品《电信诈骗?!》①（『オレオレ詐欺!?』，2007年8月13日于NHK教育频道Twees Video节目播出，时长约8分钟）表明，东北地区女性即便是在当地也很难自由地使用东北方言。该影片介绍了南会津高中学生对高中女生的方言使用情况，重点关注了关于自称词"オレ（ore）"使用情况的采访过程（采访对象有老师、学长、同学、当地老人、祖母、母亲等）和调查结果。结果显示，该地区方言中男女的自称词都是"オレ（ore）"，但是规范和标准语中"オレ（ore）"是男性专用的，因此大家对女性在方言中使用"オレ（ore）"感到抵触。老师们会劝告女学生，如果走上社会仍继续使用"オレ（ore）"会给人造成困扰，最好使用"わたし（watashi）"。

影片中有两处令人饶有兴趣。第一处是对某高中女生的祖母和母亲的采访。关于自身使用"オレ（ore）"，祖母淡淡地表示迄今为止没有感到任何不妥（没有特别别扭的感觉）；与此相对，母亲则表示高中之前从没听到周围人使用"わたし（watashi）"，但结婚后自己开始在家庭以外的场合使用"わたし（watashi）"，而且要求女儿尽量使用"わたし（watashi）"。我们可以把这个视为标准语的男女差异视角随着时代的变迁渗透并固定到原本没有男女性别差异的方言中的典例。关于这一点，笔者老家（岩手县）的方言与前面提到的例子有相似之处。在笔者老家，不论男女都用"オラ（ora）"指称自己。笔者的奶奶和妈妈都没有任何抵触地使用"オラ（ora）"，笔者则是进入高中后有了标准语的意识，才开始使用"わたし（watashi）"的。

第二处是对男同学的问卷调查。对于是否想与使用"オレ（ore）"的女性交往这个问题，89%的男同学回答"不"。这一现象并不仅限于该地区。这让我们感到，虽然出生成长在同一个地方，但大部分男性不希望女性使用缺乏"女

---

① "オレオレ詐欺"又写作"俺俺詐欺"，是日本常见的一种电信诈骗。骗子假装被骗者的亲朋好友，打电话时编造借口"突然急需钱"，试图骗取钱财。"オレオレ詐欺"这个名称来自骗子在电话中使用的"俺だよ俺（是我啊是我）"。因为只要说了"俺（我）"，那么即便不说具体的名字，听话者也不会觉得不自然。21世纪以来，"オレオレ詐欺"作为一种诈骗形式在日本多地发生，其手段也越发复杂高明。日本警视厅将这一系列诈骗手段统称为"振り込め詐欺（转账诈骗）"。（译者注）

人味"的方言。这体现出随着拥有性别差异的标准语的普及，没有性别差异的方言也被附加上了"缺乏女人味"的印象。最近，好像人们将使用方言的可爱女性称为"方言女子"，但这似乎不符合东北方言的情况。在这种社会背景下，该影像作品仍支持高中女生使用"オレ（ore）"。方言即生活文化，是无法被取代的语言。

4　明治时代的标准语政策——方言的"降格"

我们再次概览一下方言的历史。明治时代是一个日本政府积极推进近代化的时期。这一时期的目标是形成像西方社会那样拥有产业革命、技术革新的国家。当时的政策之一便是统一语言，即制定标准语（李妍淑，1996；安田敏朗，1999），但问题是将哪种语言作为标准语。帝国大学教授上田万年等人认为，当时的政治和经济中心——东京的语言，以及受过教育之人所使用的语言适合作为标准语。他们的主张对标准语的制定发挥了重要作用。最终，其他地方的语言被"降格"为方言，而且随着标准语的普及，逐渐沦为被矫正和消灭的对象。

虽然都城从京都迁到了东京，但是依然被作为"陆奥"[①]来对待的"边陲"东北，是推行矫正和消灭方言政策最为激烈的地方。这一现象与在戊辰战争（1868—1869）[②]中东北雄藩虽拼死抵抗以萨摩藩和长州藩[③]为主力的新政府军，但最终仍败北的历史背景有关。

东北方言遭受轻视的一个典型例子是兵库籍学者青田节的轶事。青田节作为教师到东北福岛地区赴任，据说他在当地看到一个容貌出众、气质脱俗的美女（28岁上下），一时惊为天人，但当该美女开口说东北方言，青田节对其好感顿失，认为她是一个粗俗的女人（青田节，1888：24-25）。青田节认为，人是通过语言表达被评价的。如这件轶事所示，人们特别容易关注女性的语言表达，

---

① "陆奥（みちのく）"是"みちのおく"的音变，是磐城、岩代、陆前、陆中、陆奥5个国家的古称，基本上相当于现在的福岛、宫城、岩手、青森4个县所在的区域。在现代，有时也用"陆奥"来指称东北地区。（译者注）

② 戊辰战争是1868年（戊辰年）1月到次年（1869）5月，发生在维新政府军和旧幕府派之间的内战，也称戊辰之役，是鸟羽伏见之战、上野战争、会津战争、箱馆战争等的总称。（译者注）

③ 萨摩藩是江户时代的藩，正式名称为鹿儿岛藩，藩主为岛津家。长州藩，也叫作萩藩、山口藩、毛利藩，江户时代有周防国和长门国两个属国。藩主世世代代为毛利氏，毛利元就为藩祖。（译者注）

这在今天也不例外。例如,佐藤和之(1996: 125)曾介绍过一封读者来信(刊登于《东奥日报》1987年12月18日版),信中写道:"青森に旅して振り向くほどの美人の多いのには驚くが、その言葉を聞いてまた驚く。(我去青森旅行,当地美女如云令人惊讶不已,然而她们一开口同样令人瞠目结舌。)"

明治时代的日本,以男性为主、女性为从,因此标准语也要求要有"女性用语"(中村桃子,2007a)。当时在女学生当中流行的"てよだわ言葉(teyodawa用语)"〔具有"よくってよ(好啊)""そうだわ(是啊)"等句末表达特征〕被采用。涩谷伦子(2006)认为,在小说中,"てよだわ言葉(teyodawa用语)"从现代女性的语言表达转变成"具有女人味的女人"的语言表达。这种"女性用语"在现代小说中被切切实实地继承下来。此外,明治时代实行"以成为贤妻良母为理想"的女子教育,人们对作为女性修养的礼貌语言表达极其关注。这就导致标准语也吸纳了性别差异,开始区分某种语言表达是应该由男性使用还是由女性使用。

通过提倡这种"女性用语"和高雅的语言表达,除了拥有"女人味"的京都方言等方言,其他地方方言均被"降格"了,特别是东北方言被附加上粗暴、鄙俗的印象,被视为"缺乏女人味"的语言表达。那些使用原本没有男女差异的东北方言的女性,如果从标准语的角度来看,她们"有口音";如果从"女性用语"的角度来看,她们"缺乏女人味"。这使得她们具有双重贬义形象。

5　"二战"后的方言形象

"二战"后,由于标准语的普及,方言开始式微,方言作为社会方言的形象开始被强化。下面,我们将概览东北方言是如何在社会状况、媒体、翻译作品、教育的影响下被再生产的。

5.1　高速经济增长与方言——方言自卑

"二战"后,特别是20世纪60年代的高速经济增长期,日本的经济、政治等中心集中到东京,这导致了城市与地方的差距,"边陲""僻壤"等词语在报纸的报道中屡见不鲜。1960年,日本第二产业的从业人员超过了第一产业,1950年农业人口的比重是45.2%,而1970年骤减为17.9%(中村政则,2005)。

农民成了少数群体。因为就业等原因,多数乡村青年去了城市,随之他们开始被方言所困扰,甚至发生了因方言自卑而自杀、伤人、杀人的事件。例如,1973年4月22日,一名老家在秋田县的大学男生,因苦于自己的秋田口音而在东京的大学宿舍里自杀身亡。

5.2 性别差异的强调与方言——性别角色分工与消费扩大

因就业等原因离开农村来到城市定居的年轻人,逐渐在城市安家立业。在高速经济增长期,"男主外,女主内"这种性别角色分工带来的劳动形态是主要的。在农村,包括女性在内,全家总动员,共同分担插秧、割稻等农活。与此相对,在城市则是男性进行有偿劳动,女性进行家务、育儿等无偿劳动。这种性别分工也影响了语言表达,助长了语言表达方面的"女人味/男人气概"。此外,由于"主妇"人数的增加,明治时代的女子教育标榜贤妻良母,这种规范在这个时期也被实实在在地渗透开来。

一方面,在农村,由于农业人口急剧减少,农村共同体开始衰退进而解体;另一方面,在城市,性别角色分工导致劳动形态发生变化,方言本身开始衰退,方言的社会方言化进一步加深。

此外,在"大量生产"转向"大量消费"的产业结构变化中,因为消费需求的扩大,丰富多样的商品开始被销售,形成了市场经济的差异化、多样化。这种差异化的重要支柱之一就是性别差异,主要体现在男性消费的烟草和酒类也开始"面向女性"进行商品开发;曾经作为女性专属消费品的化妆品,也开始开发出面向"男性"的产品。其中,甚至连巧克力(1971年格力高推出了"女孩子的巧克力"和"男孩子的巧克力")、相机(1968年美能达推出了男性用的相机和女性用的相机)等产品也开始有了性别差异。这使得商品市场进一步扩大了。如此,这种强调"面向女性""面向男性"性别差异的销售战略成为让人进一步意识到语言表达中的"女人味/男人气概"的重要原因。

5.3 以东京为据点的媒体与方言——使用标准语的生活

在高速经济增长期,包括市场经济下的广告、宣传等在内,电视的普及所带来的媒体影响也不容忽视。有关东京的信息,当然也通过电视剧等媒介传播开来,这些信息足以撩起人们对"花の東京(花样东京)"的憧憬和向往。此外,对于生活在乡下的人而言，东京所使用的标准语也成为憧憬的对象，这从笔者自身的经历就可以说明。笔者出生在农村，从20世纪60年代到70年代全家7口人三世同堂生活在一起，当时电视剧所反映的城市小家庭的生活，是穿着优雅的"专职主妇"微笑着端出蛋糕迎接孩子们回家，并柔声细语地吐出"请吃蛋糕"几个字的样子，以及电视剧中反反复复出现的"讲究的"对话，这些曾让笔者憧憬不已。城市是憧憬之地，标准语和"女性用语"是精练考究的，电视剧作为宣称这些内容的媒介，发挥了重要作用。

其后，虽然也曾出现过"乡村时代"的热潮，"东京中心"的思想被稍稍弱化，但是其基本路线并未改变。

5.4 作为社会方言的方言——翻译中的"东北腔"

文学作品和影视剧中的方言使用，有众多值得分析的有趣内容。这里，我们主要探讨翻译作品，它们拥有社会方言的一面。例如，电影《乱世佳人》中白人女主角斯嘉丽（其语言表达被译成"女性用语"）的"黑人"女用人梅蜜的语言表达被翻译成东北方言或是东日本等地使用的方言，如"しらけてしまうだ（贼拉不给力）"[①]。但是，如同中村桃子（2007b）所指出的，该方言是"模拟方言"，确切地说，既非东北方言又非东日本地区的方言，只不过是听起来像东北方言而已。换言之，在英语文学作品和影视剧中，缺乏教养的乡下人等人的语言表达，在美国会用南部方言来表示，而翻译成日语时，则成了东北方言（"仿东北腔"）（丹尼尔·朗，朝日祥之，1999）。

20世纪60年代，以摩登时尚的美国主妇为主人公的《我爱露西》（*I Love Lucy*, 1951—1957年制作，1957年开始在日本播放）、《我的太太是魔女》（*Bewitched*, 1964—1972年制作，1966年开始在日本播放）等美剧被引进日本（这些美剧于2000年之后重播）。这些电视剧的主人公都是白人中产阶级主妇，她们的家里摆放着当时日本尚未普及的家电，而且丈夫性格温和、善解人意，是当时日本女性所憧憬的家庭模式，因此受到了日本观众的欢迎。这些电视剧中也有使用"仿东北腔"的场景。白人主妇往往使用"女性用语"。在《我爱露

---

① "しらけてしまうだ"是一种模仿方言的表达方式，因此翻译成汉语时译者相应地译成了中国东北方言。"贼拉不给力"的意思是没劲儿、扫兴、败兴。另外，如果要显示说话者是缺乏教养、地位低下者，那么似乎"贼鸡巴狗卵子"之类的东北方言更契合。（译者注）

西》中扮演蜗居在贫民窟的底层粗鄙女性，以及在《我的太太是魔女》中居住在主人公隔壁且爱干涉他人生活的粗俗太太（丈夫使用标准语）的语言表达都被翻译成"仿东北腔"。

"穷人"等与农民一样被当作社会底层人民的语言表达均被译成"仿东北腔"，这种现象值得关注。用"仿东北腔"来翻译外国作品中这类阶层的语言，反过来又催生了东北方言的负面形象，结果导致了人们对东北方言使用者的轻视和歧视。我们无意主张翻译时一概不能使用方言，但是这种做法是否可能助长方言歧视？是否会建构方言使用者的负面形象？又是否需要我们有某种顾虑和考量呢？

5.5　通用语教育——语言学家的方言观和性别观

前面我们探讨了"二战"后方言的社会方言化，主要分析了助长歧视东北方言行为的社会状况、媒体的作用、外国文学的翻译方法等。最后，我们要概览"二战"后对方言使用者进行的通用语教育的显著特征。这是因为，从明治时代开始，方言（特别是负面的）形象的再生产，是通过强调在课堂上系统学习的通用语比方言更"正式"才得以保障的。

我们分析一下被视作集"二战"后方言研究精华的著作《方言学讲座》（1961）。这本书不仅详细说明各地方言的音韵、声调、语法、词汇等，也论述了随着通用语的普及，方言所面临的问题和应采取的对策。虽然已经看不到像明治时代试图消灭方言的那种粗暴态度，但是在"新科学"的名义下伪装出一副科学合理的嘴脸来矫正方言的姿态却未曾改变。当时的地方教育工作者希望去城市就业的年轻人不会受到不公平对待，这种现实愿望推动了方言研究，但从其根本的方言观来说，"二战"前和"二战"后没有差别。

关于声调问题，柴田武（1958：124）主张："如果某人小学时期在京滨地区①以外的地方生活，那么原则上此人一生都无法改变自己的口音。"齐藤义七郎曾表明，要求自己家乡即宫城、山形的方言使用者们"按东京式发音是不可能的"（东条操，1961：218）。"二战"后，研究者们认为发音的矫正有年龄界限，

---

① 京滨地区，是指从东京都特别区，经神奈川县川崎市，到横滨市一带。京滨也用于指称位于该地区的企业或途经该地区的交通网。（译者注）

而且是无法完全做到的，这一点也值得关注。

如果基于性别的视角来看通用语教育问题，我们就会发现，应该将具有"女人味"的通用语作为规范，而不是方言。例如，围绕标准语的普及推广，金田一京助（1969：85）曾表示"因为女人心细，所以应该容易摆脱吧"，认为女性更"容易摆脱"方言。此外，在给东北方言使用者普及通用语教育时，藤原与一（1975）强调有必要让大家知道东北方言男女差异极小的问题。藤原与一还提议，不要自上而下的强制，而应该努力让大家通过自身经历发现这个问题。例如，表示同意的"ンダ（nda）"这个东北方言应替换成通用语的"ソーダ（soda）"，而且更应该进一步引导女性方言使用者使用"ソーデス（sodesu）"。关于自称词"オラ（ora）"亦是如此。不管如何，哪怕仅列举上述两名语言研究者的言论，我们也可以管窥日语的性别观。

在21世纪的今天，在上文提到的影像作品《电信诈骗?!》中的福岛高中女生们，与其说是被迫意识到自己祖母和母亲那一代的方言缺乏"女人味"，不如说是感受到了来自通用语的压力（这种在"二战"后歧视方言的强化倾向，在美国南部方言中也存在）（Johnston，2003）。目前，日本也出台了尊重方言的教育方针，但方言研究者和学校的教师该如何向这些高中女生们解释如今这种状况呢？

6　女性在城市正大光明地使用方言的日子会来临吗

如果再次环顾我们的四周，我们就会发现，即便是在价值观多样化等如常识般广为传播的现代日本，标准语以及与它一体化的"女性用语"这个规范仍令人恐惧地、反现实地、自相矛盾地强烈折射在人们的社会生活中。

在这种情况下，年轻女性在城市正大光明地使用方言、电视剧的女主人公正儿八经地用东北方言谈情说爱的日子会到来吗？年轻女性若要正大光明地使用方言，究竟需要怎样的社会条件，通过怎样的社会变革才能实现呢？

本章我们主要探讨了东北方言，不知道各位读者心中的方言形象是怎样的呢？为何会有这种形象？也希望各位读者借此机会思考一二。

参考文献

青田節，1888．方言改良論［M］．福島：福島進振堂．

イ・ヨンスク，1996．「国語」という思想［M］．東京：岩波書店．

井上史雄，2007．変わる方言 動く標準語［M］．東京：筑摩書房．

上田万年，1895．標準語に就きて［J］．帝国文学，1（1）：14-23．

金水敏，2003．ヴァーチャル日本語―役割語の謎―［M］．東京：岩波書店．

金田一京助，1969．盛岡弁とアイヌ語研究［J］．言語生活（210）：81-86．

小林隆，篠崎晃一，大西拓一郎，1996．方言の現在［M］．東京：明治書院．

佐藤和之，1996．方言主流社会―共生としての方言と標準語―［M］．東京：おうふう．

柴田武，1958．日本の方言［M］．東京：岩波書店．

渋谷倫子，2006．日本語における「近代的」セクシュアリティの形成［J］．ジェン
　　ダー史学（2）：49-62．

ダニエル・ロング，1996．日本語方言との比較から見たアメリカ方言の現在［M］//
　　小林隆，篠崎晃一，大西拓一郎．方言の現在．東京：明治書院：130-144．

ダニエル・ロング，朝日祥之，1999．翻訳と方言―映画の吹き替え翻訳に見られる
　　日米の方言観―［J］．日本語学，18（3）：66-77．

東条操，1961．方言学講座2：東部方言［M］．東京：東京堂．

中村政則，2005．戦後史［M］．東京：岩波書店．

中村桃子，2007a．「女ことば」はつくられる［M］．東京：ひつじ書房．

中村桃子，2007b．〈性〉と日本語―ことばがつくる女と男―［M］．東京：日本放
　　送出版協会．

藤原与一，1975．方言生活指導論［M］．東京：三省堂．

安田敏朗，1999．〈国語〉と〈方言〉のあいだ［M］．東京：人文書院．

山口幸洋，1991．方言における男女差［J］．国文学解釈と鑑賞（7）：71-77．

INOUE M, 2006. Vicarious language［M］. Berkeley: University of California Press.

JOHNSTON B, 2003. Features of uses of southern style［M］//NAGLE S, SANDERS S L.
　　English in the Southern United States. London: Cambridge University Press: 189-207.

专栏1

同性社会的"おれ（ore）"和"おまえ（omae）"

小林美惠子（东京都立国际高等学校教师）

"おまえ（omae）"原本是无论男女都可使用的上级对平级以下者的称呼，而"おれ（ore）"是与其相对的男性自称词。它们作为关系亲密男性之间的非正式对称、自称被使用似乎还是最近的事。

在明治、大正时代到1945年前后的各种小说中，学生、公司的同事等亲密且地位对等的男性们往往相互称呼"僕（boku）""君（kimi）"。"僕（boku）"和"君（kimi）"也是所谓知性、有教养的阶层的标志。

翻阅战争年代广播剧的剧本等，我们发现在军队里一些士兵称呼自己等级之下者为"貴様（kisama）"，而且"おれ（ore）"也被经常使用。"貴様と俺とは同期の桜（你我乃同期之樱）"这是超越出身、阶层和学历的桎梏，显示同吃军队米饭的伙伴关系的称呼。我们也发现有些人对家乡的朋友使用"僕（boku）"和"君（kimi）"，而对军队里的伙伴使用"おれ（ore）"和"貴様（kisama）"。

1945年后，"おれ（ore）""おまえ（omae）"在小说、电影，以及后来出现的电视剧中随处可见。例如，20世纪五六十年代的《太阳的季节》和《若大将》系列中的城里学生、日活株式会社的《手枪无赖帖》系列中的小混混、《巨人之星》和《明日之丈》等漫画中的人物、20世纪60年代后半期到70年代播出的《青春是什么》《我是男人！》《我们的旅行》等青春偶像剧中的主人公们，不管是少年、学生、社会人，还是小混混、老实人，男性一律用"おれ（ore）""おまえ（omae）"相互称呼。直到现在，电视剧和电影中还存在这种男性称呼。此外，查看有关职场和学校等场合的自然谈话的调查结果，我们也会发现使用"おれ（ore）""おまえ（omae）"的男性占多数。

"僕（boku）"和"君（kimi）"，"おれ（ore）"和"貴様（kisama）"，

专栏1

以及"おれ（ore）"和"おまえ（omae）"，都能确保男性专属的地位和作为共同体的一员，是展示伙伴之间的亲密关系、显示所谓同性社会的自称和对称。虽说如此，知识阶层和军人并不能代表所有男性，因此也可以说当时使用"僕（boku）""君（kimi）"以及"おれ（ore）""貴様（kisama）"者也是有限的。1945年后，日本没有军队，社会逐渐高学历化，知识阶层的特殊化逐渐消失，在这种社会环境下广泛使用"おれ（ore）""おまえ（omae）"，男性们应该对自己属于哪个共同体有自知之明吧。

笔者曾询问过身边的20余名男性，在与同性谈话时是否使用"おれ（ore）""おまえ（omae）"。结果显示，40岁以下的男性多数回答使用，50岁以上的男人半数回答使用。几乎所有人都表示，使用"おれ（ore）""おまえ（omae）"时的交谈对象往往是从学生时代或青年时代起一直交往的朋友。此外，回答现在不使用的人也表示自己在20多岁时曾使用过"おれ（ore）""おまえ（omae）"，即便回答自己从未使用过的人也毫无例外地表示周围的人会使用"おれ（ore）""おまえ（omae）"。五六十岁的男性表示，对大学毕业之后结交的朋友不使用"おれ（ore）""おまえ（omae）"，并且对于因工作或爱好等原因新近熟识起来的人，即便很熟也很难使用"おれ（ore）""おまえ（omae）"。如此一来，似乎男人之间的"おれ（ore）""おまえ（omae）"是自认年轻或者曾经一起共经芳华的人基于共同认知表示亲密关系的词语。

"おまえ（omae）"这个词，女性之前也使用过，也是称呼女性的一个词。虽然这让许多人感到不愉快，但其使用并未衰减。男性称呼配偶为"おまえ（omae）"，年轻女性称呼配偶或朋友、后辈等为"おまえ（omae）"（2008年《朝日新闻》的网络调查表明，十几岁的少女中约有14%的人在使用），十几岁的少女因自称"おれ（ore）"而成为热议话题等现象依然存在。通过这些现象，我们或许可以发现，"おれ（ore）"和"おまえ（omae）"所建构的男性专属共同体意识现在正逐步超越性别框架。由此可见，青春并非专属男性。

《源氏物语》中的性别与语言

佐藤势纪子（东北大学高等教育开发推进中心教授）

说到《源氏物语》①与性别，人们就会联想到"雨夜の品定め（雨夜品评）②"。"雨夜の品定め（雨夜品评）"所在的《帚木卷》是以17岁的光源氏为听话者，通过3名男性的谈话展开的。他们围绕理想的女性进行了探讨。在总结讨论时，为首的左马头提及了语言表达的问题，他批评了女性在信件中过度使用"真名（汉字）"③的现象。

此外，《源氏物语》整体的叙述方针也是不吐露汉字和汉语知识的。在宴席等吟诗助兴的场合，作者也采取"女のえ知らぬことまねぶは憎きこと（女人的不懂装懂令人讨厌）"等方法简单带过，避免详述。

《源氏物语》成书于平安时代中期，当时汉字被通俗地称为"男文字"，是男性使用的，女性即便拥有汉字、汉语的知识和素养也不应表露

① 《源氏物语》是一部由日本平安时代女作家紫式部创作的古典文学名著，对于日本文学的发展产生过巨大的影响，被誉为日本文学的高峰。作品的成书年代至今未有确切的说法，一般认为是在1001—1008年间。《源氏物语》以日本平安王朝全盛时期为背景，描写了主人公光源氏的生活经历和爱情故事，历70余年，全书共54回，近百万字。书中人物以上层贵族为主，也有中下层贵族、官女、侍女及平民百姓，包含4代天皇，所涉人物400多人。（译者注）

② "雨夜品评"出现在《源氏物语》的第二卷《帚木卷》中，描述的是在光源氏17岁那年的夏天，在一个岑寂的雨夜，左马头、式部臣、头中将和光源氏4人围绕何种女性是理想的结婚对象这个话题展开的评论。他们认为优秀的女子无不出身于高贵之家，只有经济富足的家庭才能养出才貌双全的女子。现在"雨夜品评"转义为对他人的优劣高低进行评论。（译者注）

③ 与假名相对，真名是日本对汉字的称呼。假名（かりな→かな）是非正式的私人物品之意，而真名是正式的文字之意，也称作"真字""本字""男手"。（译者注）

专栏2

出来。《源氏物语》的作者紫式部①称,自己在他人面前连"一"这个字都不写(《紫式部日记》)。就连被紫式部痛批为"真名書きちら(滥用汉字)"的女人清少纳言在被男性官员询问白居易诗句的下一句时,都用日本短歌的下一句来胡乱搪塞(《枕草子》)。显而易见,在当时的贵族社会,作为书面语的汉语,其使用俨然存在性别的制约,这是不可否认的事实。

那么,在《源氏物语》的口语表达中又可以看到哪些性别方面的差异呢?

首先,让我们看一下对话中男女交际的方式吧。《源氏物语》中的男女对话几乎都是由男性先开始的,而女性比起语言往往多用态度来表达心情。女性出场人物一般沉默寡言,插话和自言自语比较多。女性沉稳安静的谈吐会受到肯定。在《常夏卷》中,内大臣的私生女近江君心直口快的说话方式脱离了这种规范,因此受到了他人的责难和嘲笑。包括非语言交际在内,女性的交际方法在所有方面都受到抑制与约束。

其次,如果查看对话中使用的词语,我们会发现很难找出女性专用的词语,但男性专用的词语却或多或少存在,例如和语词汇中(特别与性相关)直接露骨的词语、"そもそも(原本)""いまだ(尚未)"等汉文训读词、第一人称的"なにがし(某人)"等。此外,关于汉语,有调查表明,在对话的使用频率方面不存在男女差异,但女性多用简单的高频率汉语,而男性则更倾向于使用难度大的汉语。

---

① 紫式部,本姓藤原,原名不详,生卒年月不详。因其长兄任式部丞,故称为藤式部,这种称呼方式是官里女官的一种时尚,她们往往以父兄的官衔为名,以示身份;后来她写成《源氏物语》,书中女主人公紫姬为世人传颂,遂又称作紫式部。紫式部出身中层贵族,是书香门第的才女,曾祖父、祖父、伯父和兄长都是有名的和歌诗人,父亲兼业汉诗、和歌,对中国古典文学颇有研究。紫式部自幼随父学习汉诗,熟读中国古代文献,特别是对白居易的诗有较深的造诣。此外,她还十分熟悉音乐和佛经。后来不幸家道中落,嫁给了一个比她年长20多岁的地方官藤原宣孝。婚后不久,丈夫去世,她过着孤苦的孀居生活。后来应当时的统治者藤原道长之召,入官当一条彰子皇后的女官,给彰子讲解《日本书纪》和白居易的诗作,有机会直接接触官廷的生活,对妇女的不幸和官廷的内幕有了全面的了解,对贵族阶级的没落趋势也有所感受。这些都为她的创作提供了广阔的艺术构思和坚实的生活基础。(译者注)

专栏2

　　这一点体现在本文前面提到的"雨夜の品定め（雨夜品评）"的论者之一——式部丞所讲述的自己与博士之女的恋爱经历。据说博士的女儿对久未到访的式部丞说了这么一句话："月頃風病重きに耐へかねて、極熱の草薬を服して、いと臭きによりなん、え対面賜はらぬ。〔妾身近患重感冒，曾服极热的草药（大蒜），身有恶臭，不便与君接近。〕"[①]这句话使用了"臭き（臭）"这个露骨的表达和难懂晦涩的汉语而远离了当时女性的词汇选择规范，但式部丞的这些谈话内容被听话者视作"虚言"而未采信。

　　《源氏物语》中男女的语言表达差异，反映了当时的社会理念背景下作者的性别意识。

　　此外，另一个不容忽视的情况是，《源氏物语》长期作为妇女的训诫书籍被广泛阅读。在江户时代，虽然有人认为该书是"淫乱之书"应加以禁止，但是也有人认为该书"艶にやさしき言葉を覚ゆべし（可以习得雅致温和的语言）"（《女教补谈囊》），抑或"文のこと葉哥のたすけとはすべし（信函肯定对和歌有益）"（《女小学教艸》），认为在语言表达方面女性应该将该书视作范本。由此可知，《源氏物语》的接受史与相关语言表达的性别规范再生产的历史密不可分。

参考文献

山口仲美，1998．『源氏物語』の女性語［M］// 山口仲美．平安朝の言葉と文体．東京：風間書房．

丹和浩，2003．往来物［M］// 鈴木健一．源氏物語の変奏曲―江戸の調べ―．東京：三弥井書店．

---

① 此句译文引自紫式部：《源氏物语：上》，丰子恺译，人民文学出版社1980年版，第32页。（译者注）

II

媒体建构的"性别"

漫画

——性别表达的多样意义

因京子

　　对于日本人而言，漫画是非常熟悉的读物。这会儿拿着本书翻阅的读者，应该都看过漫画吧。本章我们将以漫画作品中出场人物的语言（谈话）为对象，观察在语境和故事中显示说话者性别的语言是如何被使用并取得何种效果的，同时对这种表达所显示的意义进行考察。说话者的性别通过各种各样的语言要素来体现，如"いいわ（好的哦）""いいぜ（好嘞）"等终助词、"いいの？（好吗？）""いいのか？（好吗？）"等句末形式，"わたし（watashi，我，第一人称代词）""おれ（ore，我，男性第一人称代词）"等自称词。我们把这些语言要素称作"性别表达"。

　　因为漫画的语言都是作者创造的，所以人们认为比起实际的对话，性别表达在漫画语言中出现的频率更高。通过研究与实际语言表达可能有所出入的漫画语言，我们可以知晓什么呢？

　　其中之一是可以认识到语言的**偏见和成见**。金水敏（2003）指出，我们从虚构的各种作品中获得特定的**文体要素**（不直接影响中心意思的语言表达的整体特征），以及与特定的**人物类型**相关联的固定的语言表达知识并将其内化。在我们为了整理、掌握混沌世界的合适分类范围内，刻板印象可以帮助我们更好地理解这些；反过来，有时也会因此埋没个性并产生偏见。

　　漫画产生了被金水敏称作"役割語（角色语）"的"老人語（老人语）"〔如

"わしが知っておるのじゃ（俺知道的）"〕、"お嬢様語（千金小姐语）"〔如"わたくしが知っていてよ（我知道的哦）"〕等众多语言的刻板印象，也影响了这些刻板印象的传播（当然，也有许多详细刻画出场人物个性、使用与实际相近语言的漫画）。分析漫画中的对话，认知语言的刻板印象，对研究性别表达非常重要。因为刻板印象的知识成为我们日语知识的一部分，被应用于日常交际中（因京子，2008；石川朋子，2008）。例如，有个年轻女性说了一句"きみが愚か者だったのはわかったのだがね（我知道你是个蠢货）"，假设听话方没有察觉她在开玩笑，而认为"自己被她骂了"，并因此生气，那么说明在该交际过程中发生了交际障碍。

此外，分析作品这种完结的世界中的语言所拥有的意义也非常重要。性别表达的意义也因作品的**整体结构**不同而不同。在有些作品中，所有女性出场人物均使用相同的女性性别表达，而有些作品仅对喜欢（或不喜欢）的部分女性使用女性性别表达。在这些作品中，女性性别表达所担负的意义是不同的。在现实世界，我们很难评价一个人，但在作品中我们可以明确描述一个人为"好人"或"坏人"，因此容易给特定的语言表达赋以**特权性价值**或**瑕疵**（表示社会评价的标志）。

观察语境中**文体所发挥的作用**也具有重要意义。如我们刚才举的例子，要想通过**有标**的文体（不是此人本来的文体。所谓"有标"，是指在某些方面脱离一般）理解玩笑，除了知晓刻板印象的知识外还必须理解将文体特征作为技巧使用的机制。上述例子中的"きみ（kimi）""～だがね（～ dagane）"等便是说话者伪装成与自己身份相反的"权威中老年男性"的手段。说话者伪装成他人的动机并非单一的，这里可以解释为试图通过"了不起的人物"这种离奇的伪装制造滑稽感，即便挪揄对方也并非出于本意。

日语中有各种文体，说话者使用这些文体表达各种意思。在漫画中，因为可以放在整个漫画世界捕捉对话的语境，所以比起观察实际的语言表达，往往更容易观察**文体要素**与**语境因素**的**相互作用**。例如，当别人对我们说"あなたの御意見、なかなかおもしろいわね（你的意见，实在有意思啊）"时，我们该如何理解，也许我们仅仅通过谈话场面的信息无法理解。但如果我们知道说话者是几乎不使用女性语言表达方式的人，那么就会意识到这个对话表达中的有标性，即它包含讽刺、玩笑或者某种言外之意。在不知道对方说话方式时，我们只能接受字面之意，并基于我们对"经常使用女性性别表达者"所抱有的印象——可能是虚构的刻板印象，形成对说话者人品的印象。因此，要想了解性别表达所担负的意思，除了说话的场合，必须整体掌握包括过去在内的所有状况。但不要说当事人之外的人，有时当事人自身都很难看得清楚。因为作品可以俯瞰包括影响**发话解释**因素在内的整个世界，比起观察实际的对话，作品能让人更加鲜明地观察到我们在各种状况中如何使用语言，以及语言的各要素表达怎样的意思。这也许与舞台上演员的动作包含了单纯和夸张，所以才更加鲜明地描绘出真实场景一样。

1　"作品"这个结构与性别表达

首先，让我们看一下两名女性作家在其作品中的语言表达。

　　対話①（三名高中女生）
　　A：えらい<u>わ</u>ー、そのくらい言うべきよ。最低な<u>男</u>じゃない。
　　B：よく言った<u>わねえ</u>。
　　C：だって悔しくて。あんな冷たい男のためにひと月も青春の無駄遣いしたかと思うと。
　　A：わかる<u>わ</u>よ。あたしだって同じ気持ちよ<u>お</u>。（C：えっつ）永福の奴、他にも女がいた<u>のよ</u>。ぶん殴ってやった<u>わ</u>よ。

（一条ゆかり『日曜日は一緒に』, 1987）

　　A：了不起啊——是应该这么说哦。真是最差劲的男人。
　　B：真能说啊！
　　C：太后悔了！为了那种冷酷无情的男人浪费了一个月的青春。
　　A：我明白，我的心情也是一样的。（C：啊?!）永福那个家伙，还有其他女人。我狠狠揍了他一顿。

（一条由香里《共度周日》, 1987）

　　対話②（20多岁的男医生与女护士）
　　医師：「ミワちゃん」って呼び方、抵抗あるな。だって大人の患者さんだぞ。

看護師1：私も、最初そう思った。

看護師2：でも、心は完全に子供だよ。

医師：俺は嫌だな。俺は「大谷さん」って呼ぼう。

看護師1：うん、久米先生はそう呼べば？私も最初そう思ったんだけどさ、「お母さん」とか言われちゃうとさー。その時によって振られる役が違うんだよね。

医師：俺には役ついたことないぞ。

看護師1：じゃあ、その時、眼中になかったんだわ。

（佐々木倫子『おたんこナース』，1995）

医生："小美和"这个称呼，我还是抵触的。都是一名成人患者了。

护士1：我刚开始也是这么想的。

护士2：可是她的心理还完全是个孩子哦。

医生：我还是不喜欢。我称呼她为"大谷小姐"吧。

护士1：嗯，久米医生可以这么叫。我刚开始也这么想，但是被称作"妈妈"后……称呼不同作用也不同啊。

医生：我可没被叫过"爸爸"。

护士1：那么说明当时她对你不感兴趣。

（佐佐木伦子《迷糊天使俏护士》，1995）

在对话①中，三名高中女生使用女性性别表达的频率之高让人觉得不现实，也许这是因为作者试图描绘与现实不同的"梦想的世界"。在对话②中，两名护士的语言表达以中立的形式居多，女性性别表达的"わ（wa）"偶尔出现，没有"ぞ（zo）"等男性性别表达，这与现代女性的实际语言表达习惯相近。因而这两部作品女性用语的情况完全不同。但是，无论哪部作品，其出场的女性人物所使用的性别表达的种类、频率和用法没什么差别。换言之，这两部作品在并未给予女性性别表达以特别的意义这一点上是相同的。

也有些作品中的女性出场人物的说话方式截然不同，这些作品赋予使用女性性别表达的女性优越位置。在《国王的裁缝师》（大河原遁，2004）中，根据年龄、社会地位、发话行为的不同，女性人物的说话方式也有所不同。身为董事长千金且自己也经营公司的女性，以及她公司的女性员工，即便是讲话带有攻击性也会始终使用女性性别表达，如"行くわ（去的）""そんな訳ないわね（不可能吧）""文句はないわよね（没什么可发牢骚的吧）"。但是，郊区食堂的女服务员平时虽用"～わ（wa）"，但一兴奋或有争执时就会露出马脚，脱口而出"迎えに来な（来接我）"等男性性别表达。令人饶有兴趣的是，之前做过小偷后来改邪归正当了白领的一名女性，与公司的其他女性不同，唯独她自始至终都不用"～わ（wa）"，而是使用"来たんだよ（来了）""辛いよ（好辛苦）"等中立的表达或者男性性别表达。此外，作品中的年长女性也不用女性性别表达。通览整部作品，一贯使用女性性别表达的只有"年轻""循规蹈矩"的女性，女性性别表达成为"年轻（＝性魅力）"和"优雅、有教养（＝正统性）"的指标。

仅让特定的女性出场人物使用女性性别表达的描写方法，规定了女性的等级，向大众发出"像女人一样行动（交谈）的女性是优雅的"这一信息，强化了性别意识形态。与这种信息相关的并非女性性别表达使用本身和频率的高低，而是在作品这种**整体结构**中让特定女性使用女性性别表达的选择性、对比性使用方法。

2 作为会话策略发挥作用的性别表达

在漫画中我们经常可以看到，平时不太使用性别表达的人物，在特定的语境中选择性地使用性别表达的情况。

对话③（消防学校的同班训练生，两名20多岁的女性）

夏子：(同期生に) あー、電話？だったら、これ (＝携帯電話) 使って。

こづえ：(電話を横から取りあげて) こーゆーものは、持ち込み禁止のハズよね。教官室に届けさせていただくわ。

夏子：お願い、見逃して……

こづえ：だめ。持ってくわ。規律を守るのは消防吏員としての最大の義務。それがイヤならお辞めになれば？

(逢坂みえこ『火消し屋町』, 1999)

夏子：(对同学) 啊——电话？ 如果是打电话，用这个（手机）。

小津枝：（从边上拿过手机）这种东西，应该是不允许带入的。我要拿到教官办公室。

夏子：你就当作没看见……

小津枝：不行。我要拿过去。遵守纪律是消防员的最大义务。如果你不喜欢就辞职吧。

（逢坂美惠子《消防队美女》，1999）

对话④（美容院的店长在斥责学员）

店長：こっちはお金払って、その上、技術を教えてあげてるの。ヨソ見する人は、ヨソに行ってくれていいわ。

（鴨居まさね『雲の上キスケさん』，2000）

店長：我不仅支付工资，而且还教你们技术。盯着别处的人可以另谋高就。

（鸭居正种《云之上的喜助小姐》，2000）

在对话③中，小津枝对和自己年龄、年级都相同的夏子使用尊敬语和"わ（wa）"，在对话④中，店长对自己的下属使用表示许可的形式和"わ（wa）"，两者都间接、礼貌地传达了命令。使用礼貌程度高的表达被视为女性的特征之一，这种礼貌程度高的表达与女性性别表达"わ（wa）"组合后会使使用者显得更加女性化，但这些例子与其说温和，不如说具有极为尖锐的攻击性。过度的礼貌表达，因为礼貌的过剩（有标性）使得意思发生了改变，比起直接攻击，它更具有尖锐的攻击性。"殷勤无礼"的厌恶比直接的冷语冷言更辛辣，这一点人尽皆知。对话③和对话④中的说话者，对于与女性性别表达传统相连的"温和、优雅"等性质并非作为直率的自我表达的一部分使用，而是作为与"温和"相反的攻击行为，即"讽刺""挖苦"来使用，试图进行比直接攻击更具威力的攻击。这种**技巧性使用**以刻板印象的存在为前提，但也包含试着将这个作为"可使用的一个手段"抛开的批判性视角。这种使用动摇了把"女人味语言表达"和"温和、优雅的女性"简单相连的固定观念。如果这种使用经常出现，那么也许会强化以下观念：女性性别表达并非一定与"温和"这种性质相关联，而是也有"高压的自我主张"。

我们已经观察到，在漫画中，"おだまり！（闭嘴！）""この先二度とあなたには貸さなくてよ（今后再也不借给你了）"等攻击性话语里经常出现女性表达（因京子，2005）。此外，也有研究指出，在小说中，女性终助词"わ（wa）"频繁出现在女性说话者的攻击性话语中（山路奈保子，2006）。以往，使用女性性别表达无一例外地被解释为在宣扬女性的"温和、优雅"，可以说这种解释现在行不通了。随着社会对女性行为和态度的变化、多样化，女性性别表达所展示的形象也发生了变化、多样化。女性性别表达依然可以作为"温和"的标记来使用，但作为女性将自身直接推出"高压态度"的标记来使用的例子也增加了。

3　显示氛围和态度的异性性别表达

在漫画中，我们经常可以看到出场人物使用标示异性性别的表达。这里面既有不强调与说话者身份相背离的用法，又有突出这种背离的用法。

如同"がんばるぞ！（我会加油的！）""さあ、いくぞ！（去！）"，有时由于与说话内容相符，男性性别表达作为一种模糊但强有力的表达被使用。这可以视为通过使用与对话相称的"角色语"，从而增加说话效果的行为之一，例如垂训时是"老僧"，显露学养时则是"评论家"（定延利之，泽田浩子，2007）。这些表达虽然是直接利用刻板印象的例子，但是因为突出了**与发话内容的亲和性**，无法解释为说话者的身份表达，所以说话者即便是女性，她们与身份之间的背离也不会被人们所察觉。

有时，异性性别表达也会被用作展示说话者态度和当时氛围的手段。在对话⑤中，知道了同事过去痛苦经历的夏子使用了平时不常用的男性性别表达，从而营造了轻松明快的氛围和与对方的共情感。

　　　对话⑤（同事因长期担心消防员丈夫的安危而身心俱疲，最终与丈夫离婚。为了治愈心灵创伤，同事也立志成为消防员。同事将这个经历告诉了夏子）

　　夏子：あーあ、あたしは消防士になってよかったー。そーゆーのでウダウダ気ィもむ側なんか<u>向いてねーっ</u>つうの。なーんにも考えずにがーっと火の中飛び込む側の方が性にあってるわ、あたしには。

山田：うん、そうね。私もだわ。

夏子：さ、窓閉めて、<u>寝よーぜ</u>。

（逢坂みえこ『火消し屋町』，1999）

夏子：啊——我能成为消防员太好了！鬼都知道我肯定不适合那种需要思前想后、前怕狼后怕虎的工作。啥都别想嘎的一下一心投入救火之中比较适合我。

山田：嗯，是啊。我也是的。

夏子：把窗关上，我们睡吧。

（逢坂美惠子《消防队美女》，1999）

夏子向对方表示了支持和鼓励，但是如果直接说会显得唐突；如果过于认真，对话氛围就会变得沉重而阴暗；如果过于明快地回答对方，那么又会显得有些失礼。因此，夏子首先通过肯定自身的选择来间接表达对对方的支持，再通过使用"がーっ（嘎——）"等拟声拟态词和"向いてねーっつうの（适合我）"等男性性别表达，营造出正面、热血的对话氛围。而且，在对方说了"私もだわ（我也是的）"表明自己接受了夏子的信息后，夏子不用引用的方式而是直接用了男性性别表达"寝よーぜ（睡吧）"，有意识地选择失礼的表达，强调了心无芥蒂的伙伴间的共情感。

此外，我们也可以看到男性出场人物通过性别表达来表示对对方的态度的例子。

对话⑥（20多岁的男性太郎与40多岁的女性明子在谈话）

タロ：<u>どんくせーな</u>、明子さん。

明子：ったく、やんなっちゃうよ。

タロ：どーすんの、店。それじゃ休むしかないか。

明子：冗談でしょ。治るのに一ヵ月以上はかかるのに、そんなに長く店閉めたら大変よ。

タロ：んじゃ、雇われママでも探すの？……

明子：あの子の性格、問題アリだと思わない？

タロ：そおねえ。

明子：すっごく外面いいし、人目を気にしすぎるし、ヘンにプライドが
高くてすましているし。……大学入ってからとくにむかつくわー。少しは
あたしの苦労、思い知れっていうの。

タロ：結局、そこなのね。

（池谷理香子『MAMA』, 1998）

太郎：你真愚蠢，明子。

明子：真是的，讨厌。

太郎：店铺，该怎么办呢？照这样下去只能关门了。

明子：开玩笑的吧。痊愈至少需要一个月，关这么长时间可不行。

太郎：那么，我们雇个妈妈桑？……

明子：那孩子的性格，你不觉得有问题吗？

太郎：是啊。

明子：她外形很好，但过于在意他人，而且自尊心太强。……她
上大学之后让人特别生气。居然对我说"你多少体谅一下我的辛苦"。

太郎：终究，还是这里啊。

（池谷理香子《妈妈》, 1998）

对话⑥中的太郎也不经常使用异性性别表达，在对话开头部分，他用了表示男性性别的音声形式"どんくせー（愚蠢）"。但是，当听到比自己年长的朋友明子在敞开心扉诉说心事，他抹去了自己的性别，使用了女性的"そおねえ（是啊）""そこなのね（还是这里啊）"的表达方式。通过与对方的文体同步，从而向对方表达感同身受的态度。

如上所述，在漫画作品中，即便使用性别表达，也并非将其中的刻板印象作为个性表达来使用，而是用于表达某种心情和态度。杉浦由美子（2006）指出："（现代女性）为了表达某种感觉而自由地使用女性表达和男性表达。"这种现象不仅出现在漫画中，也存在于实际的语言使用当中（石川明子，2008）。

4 伪装成他人的异性性别表达

使用异性性别表达的另一个目的就是，强调与自己性别的背离，伪装成与真实的自己不同的人格。这应该说是文体特征带来的"玩笑"，它作为**谈话策略**发挥着以下功能：通过明示不是"真正"的事情从而避免对谈话内容负责，进而缓和困惑和窘迫。

对话⑦（菜菜子对被分配到偏僻乡村医院的同班同学荒卷说话）

なな子：あ、荒巻、町長の姪とかと<u>結婚すんなよ</u>。

（森本梢子『研修医なな子』，1997）

菜菜子：啊，荒卷。你可不要跟镇长的侄女啥的结婚啊。

（森本梢子《实习医生菜菜子》，1997）

在对话⑦中，实习医生菜菜子在和多年的好友兼同班同学荒卷聊天。菜菜子因为跟荒卷过于熟悉，所以无法直率地表达对他的好感。因此，通过男性性别表达克服害羞，传达了"希望你不要和其他人结婚"的意思。

在对话⑧中，晶彦在被视为最明显保持着性别区分的自称表达中使用了表示异性的表达，这一点值得关注。

对话⑧（实果目击了晶彦在俱乐部与女生们开心玩乐的情景）

晶彦：やめてよ、<u>俺</u>、そういうの、本当にこわい。実果ちゃん、クラブとか嫌いって言ってたじゃん。

実果：うん。

晶彦：何で一人で来るの。<u>俺</u>と来ればいいじゃない。

実果：だってあたしといないときの晶彦が見たかったんだもん。

晶彦：うはは、へんなのー、で、どうだった？<u>ワタシ</u>。

実果：モテてた。

（池谷理香子『さよならスモーキーブルー』，1999）

晶彦：不要这样，我，真的害怕这样。实果，你不是说你讨厌俱乐部吗？

实果：嗯。

晶彦：为什么独自一人来呢？和我一起来不是更好吗？

实果：但是，我想看看没跟我在一起时的晶彦。

晶彦：哈哈哈，这太奇怪了。那你看了之后觉得如何，我？

实果：你很受欢迎啊。

（池谷理香子《再见烟蓝色》，1999）

晶彦平时的自称是"俺（ore）"，但是在询问女朋友实果如何评价自己在俱乐部寻欢作乐的样子时用了"ワタシ（watashi）"。通过暂时伪装成他人，为自己准备了一条逃离之路，回避尴尬与困窘。

不同的人使用性别表达所表达的意思并非一模一样，不仅会根据说话时的状况，而且会根据在时间变化中说话者的语言表达产生不一样的意思。如对话⑧所示，男性使用了"ワタシ（watashi）"，如果在工作场合，这是理所当然的选择，但如果在私人场合，那么要根据"ワタシ（watashi）"对说话者来说是平时一贯的选择还是有特定意图的暂时选择，来判断其要传达的意思。

5 性别表达的发展趋势

漫画中的性别表达，已经成为形成性别刻板印象强有力的源泉之一。但是，在故事或者谈话场合中所使用的性别表达，既会强化性别意识形态，又包含动摇它的批判性视线。"暗示了说话者的性别"，即性别表达的使用中并非只有固定的意思和价值，其意思必须在语境中通过各种例子来解释。

在观察虚构的性别表达时，重要的是在作品这个整体结构和语境中其"如何"被使用，观察其作为装置的功能，而不是观察被用了"多少"。如果女性性别表达从"温和、优雅"这种固定的价值中被解放出来，成为一种自由解释的指标发挥作用，那么它作为语言资源之一，将会帮助我们拓展语言表达的范围。

参考文献

石川朋子，2008．大学生によるくだけた会話―日本語母語話者間の会話―［M］//
因京子，松村瑞子．平成19年度日本語会話資料集．福岡：九州大学比較社会文化学府.

今井邦彦，2001．語用論への招待［M］．東京：大修館書店．

金水敏，2003．ヴァーチャル日本語—役割語の謎—［M］．東京：岩波書店．

定延利之，澤田浩子，2007．発話キャラクタに応じたことばづかいの研究とその必要性［J］．2007年度日本語教育学会秋季大会予稿集．

杉浦由美子，2006．オタク女子研究［M］．東京：原書房．

鈴木睦，2007．言葉の男女差と日本語教育［J］．日本語教育（134）：48-57．

因京子，2004．ジェンダー表現の機能［C］//河上誓作教授退官記念論文集刊行会．言葉のからくり—河上誓作教授退官記念論文集—．東京：英宝社．

因京子，2005．女性語のゆくえ—絆として鎧としての女性語の可能性—［J］．言語文化叢書（15）：30-45．

因京子，2006．談話ストラテジーとしてのジェンダー標示形式［M］//日本語ジェンダー学会．日本語とジェンダー．東京：ひつじ書房：53-72．

因京子，2007．翻訳マンガにおける女性登場人物の言葉遣い—女性ジェンダー標示形式を中心に—［J］．日本語とジェンダー（7）：6-18．

因京子，2008．日本語のポライトネスの表現とその教育法［J］．2008年応用日語国際学術検討会会議手冊．

中村桃子，2007．「女ことば」はつくられる［M］．東京：ひつじ書房．

山路奈保子，2006．小説における女性形終助詞「わ」の使用［J］．日本語とジェンダー（6）：20-29．

电视剧
——"电视剧语言"中的"女性用语"

水本光美

1 电视剧语言与实际社会语言之间的差距

电视里一年四季都会播放各电视台的新剧，想必读者当中有不少人每次都期待这些电视剧的播放吧。在晚上的黄金时间播出的**连续剧**（电视剧），既有当红明星或艺人参演的描绘时尚生活等当下流行的作品，又有不少对年轻人产生影响的作品。20世纪80年代末至90年代中期，"偶像剧"风靡一时，伴随着这些电视剧的风靡，以前作为电视剧男主人公的伴侣或相对而言处于配角地位的女性们取而代之成了主角。现在电视剧的主人公多为二三十岁的女性，人物形象也反映了时代特征，她们多被刻画成充满活力、积极上进、富有才能、充满魅力的女性。

随着时代的变化，在电视剧中，不仅人们的衣食住行环境发生了变化，连女性的想法和行动也发生了变化。但是，如果仔细观察她们的语言表达，我们会发现电视剧中的女性与之前的女性在某些方面并没有什么变化。

下面是电视剧里的某段对话，请各位读者关注画线句末词的用法。

电视剧中的对话①〔最近突然对男性感兴趣的律师贵子（34岁）来到做律师助理的好友津弥子（44岁）家〕

貴子：私もうだめ。（つや子：何が？）今日歩いてたらね、また胸がキュンとした<u>のよ</u>。誰にだと思う？杖ついたお爺さん、お爺さん！（つや子：おじ……？）これはあまりにもおかしいと思って、私、行った<u>わよ</u>、病院に。（つや子：え、そうしたら？）肋間神経痛でした。（つや子：神経痛！）あー、終わった。私。女として終わった<u>わ</u>。THE END、終了<u>よ</u>。（つや子：貴子……）恋のトキメキと肋間神経痛の区別がつかない<u>女なのよ</u>。シップ一枚貼られて治っちゃう<u>女なの</u>。肋間神経痛、ロッカー<u>よ</u>、ロッカーって呼んで。

（『離婚弁護士Ⅱ』，2005）

　　贵子：我完了。（津弥子：什么完了？）今天一开走，心里又紧了一下哦。你知道是为了谁？是一个拄着拐杖的老爷爷，老爷爷！（津弥子：老爷爷？）这个太可笑了，所以，我去了医院。（津弥子：呃，然后呢？）是肋间神经痛。（津弥子：神经痛！）啊——我完了。作为女人，我完了。THE END，结束了。（津弥子：贵子……）我是连恋爱的心动感觉和肋间神经痛都无法辨别的女人啊，是一个只要贴一枚膏药就能治愈的女人啊。肋间神经痛，rocker，请叫我rocker①。

（《离婚女律师2》，2005）

　　位于句末的是"わ（wa）""わよ（wayo）""のよ（noyo）""名词＋よ（名词＋yo）"等原本作为女性专用语被频频使用的**女性用语**的一种，本章把它们叫作"**女性句末词**"。类似的现象，也可以在下述更加低年龄层的20多岁女性的对话中见到，如对话②。

　　电视剧中的对话②〔担忧赛车手次郎（32岁）退役后的生活而劝其参加面试的公司经理玉树（26岁）〕

　　たまき：走りたくないの？ドライバーを引退してメカニックになる人はいるけど、そこからまたドライバーに復帰した人なんていない<u>わ</u>。監督がどういうつもりであなたをメカニックに入れたか知らないけど、もう走らせる気はないんじゃない<u>かしら</u>。たとえレースには出なくても、テストド

---

① 日语"肋间"的意思为肋间，发音是"rokkan"，而"ロッカー"的意思是摇滚歌手，是英语rocker的日语表记，发音为"rokka"。主人公贵子运用谐音自嘲，既轻松化解了尴尬，又幽默风趣地活跃了气氛。（译者注）

ライバーはドライバーよ。あなたが一番生き生きしているのはハンドル
を握ってるときだわ。

（『エンジン』, 2005）

　　玉树：你不想跑了吗？ 虽然有不当车手后当修配工的人，但没有
从修配工做回车手的人。 我不太清楚教练为何让你做一名修配工，但
可能他已经不打算让你再驰骋赛场了吧。 但是，即便我们不参加比
赛，测试车手也是车手。 你最熠熠生辉的时刻正是你手握方向盘的
时候哦。

（《飙风引擎》, 2005）

　　上述对话只是众多例子之一。 在电视剧中，即便是二三十岁的女性，也不
乏通过使用女性句末词来明示性别的情况。

　　那么，现在年轻人的日常对话又是怎样的呢?

　　日常对话①（22 岁的大学生之间关于玩偶的对话）
　　A：なん、なんだ？！ホントうざいんだけど、ほんとBって気持ち悪
い。(B：何で?) 急にさ、あんな変なニャン子みたいなのバンッてぶつけ
てくるしさ。
　　B：ニャン子じゃないよ。これハム太郎だよ。
　　A：え、違うよ。ハム太郎じゃないよ。耳ちっちゃいじゃん。
　　B：ハム太郎だよ。
　　A：丸いしちっちゃいしさ……売れてないでしょ、それ。
　　B：売れてるよ、ハム太郎。
　　A：どこがだよ！何か、何？何それ！

　　A：什么，什么东西?！ 真是烦人，B真让人恶心。(B：为什么?)
突然把那种奇怪的像猫咪一样的玩偶拿到我面前。
　　B：不是猫咪哦，这是火腿太郎哦。
　　A：啊，不对啊。 不是火腿太郎。 那个耳朵很小呀。
　　B：是火腿太郎哦。
　　A：那个玩偶，又圆又小……卖不动吧。

B：很畅销啊，火腿太郎。

A：哪里啊！什么，什么？这是什么？

日常对话②（36岁的朋友之间关于电脑鼠标的对话）

C：こういうやつでさ、こうやってやって……

D：あ、画面のやつか。（C：そうそうそう。）あー、もっと古いやつを考えてた。（C：どういうの？）あの、ボールが入ったようなやつ。（C：ボールが入ってるって）コロコロコロって転がすとマウスが動いてくやつ。

C：ああ、そんなの、あるの？（D：ええ？）知らないよ。（D：あの）ごめん、若くて。うそうそ。

D：見たことない？（C：ない）もうこうやって転がすと、動いてくのだよ。（C：えー、いつの時代かな？）えー、いつの時代って、ウインドウズ95が出るちょっと前の、（C：えー）ノート型はそんなんだったよ。

C：这样的东西，要这样，再这样……

D：啊，是画面上的这种吗？（C：是的是的是的。）啊——我本来考虑更旧的。（C：怎样的？）那种，有滚轮的那种。（C：有滚轮？）就是滚来滚去的话鼠标就会动的那种。

C：哦，还有那种鼠标啊？（D：啊？）我不知道呀。（D：那个……）对不起啊，是我太年轻了。骗你的。

D：你没见过吗？（C：没有。）这样一滚，就可以动了哦。（C：啊，什么时代的鼠标？）啊，你问什么时代啊，在windows 95出来不久前的（C：啊——）笔记本电脑都是这样的哦。

上述两例**日常对话**分别是20岁出头的学生之间与35岁左右的青年人之间的对话，但没有像电视剧那样出现女性句末词，因此仅凭文字无法判定说话者的性别。实际上，这些人都是使用东京话即标准语的女性。如这两段对话所示，现在的年轻女性之间并不使用前文电视剧对话中所出现的"女性句末词"。但是，即便如此，现代电视剧中的许多年轻女性依然使用女性句末词。

读者当中可能有人通过比较上述日常对话的例子，才知道原来电视剧中的语言表达与现实社会里使用的语言之间其实是存在差距的吧。如果是长期居住在东京或东京近郊的同龄年轻人,那么可能有好多人已经发现电视剧对话中女性句末词的使用不太自然了吧。但是,人们也许会认为"因为这是电视剧"所以不必较真,或者被电视剧的剧情所吸引而未曾发现对话的不自然。此外,如果居住在乡下的人,因为在乡下使用方言,所以可能会认为标准语就是这么说的而予以接受。再则,对于通过这些电视剧接触日语的外国人而言,会误解**为现代日本社会的年轻女性**还在使用女性句末词,因而将电视剧中的语言表达视为范本。

那么,为何编剧们爱用现在年轻人不太熟悉的"女性句末词"呢?本章从这个疑问出发,通过分析电视剧特有的女性用语,来指摘其中所蕴含的潜藏在日本社会中的**性别意识形态**和**指标性**。

2 现实社会:对当今的年轻人而言,女性句末词早已是过去式

根据词典的释义,典型的女性用语是"わ(wa)"和"かしら(kashira)"(小川早百合,1997)。如同麦克葛洛安·花冈直美(1997)所指摘的,"わ(wa)"和"の(no)"等助词主张度低,是一种为了缩短与对方的心理距离的礼貌表达,具有"女人味",这是对女性句末词的一般性解释。

有关女性句末词使用情况的研究,始于20世纪90年代初期。这些研究指出,现代日本年轻女性的普通体对话中不再出现自古以来常用的"わ系(wa系列)"和"かしら(kashira)",但常出现被视为男性用语的"だね(dane)""だよ(dayo)""かな(kane)"等。本章将介绍以往研究中使用较新数据进行考察的水本光美(2005,2006)、水本光美等(2006,2007)的研究。

水本光美从2004年至2005年间收集了30名首都圈20—40岁的女性标准语使用者各30分钟时长的普通体对话,并开展了问卷调查,分析了自然对话数据中的女性句末词〔"わ(wa)""だわ(dawa)""わよ(wayo)""わね(wane)""かしら(kashira)""体言+ね(体言+ne)""体言+よ(体言+yo)""のよ(ね)〔noyo(ne)〕""の(no)""(下降调的)のね(none)"〕。研究结果显示,几乎所有年龄层都使用"の(no)"和"のね(none)",其他女性句末词的使用情况则为:40岁以上的女性仍在使用;30—39岁的女性不常使用,逐渐成为死语;20岁左右的女性几乎不使用。此外,男性虽然知道与自己同龄的年轻女性不

用女性句末词,但对于女性句末词,他们还是抱有"有女人味""温柔"等印象。

　　2006—2007年,水本光美再次收录了36名女性(20—40岁,每个年龄层12名)的日常对话,并尝试基于"二元对立表"(见表1),利用Script分析法计算出**女性句末词使用率**,即在可以使用女性句末词的语境中使用女性句末词的频率。研究结果显示,36名被调查者中,7名女性完全没有使用女性句末词(20多岁5名,30多岁2名),其中20—30岁年轻人的使用率几乎都在10%以下,平均使用率极低,仅为2.36%(见图1)。该结果从数据上证明了以往研究所提出的年轻人使用女性句末词的现象正逐渐消失是正确的。

表1　二元对立表(女性句末词的使用／不使用的对立表)

女性句末词使用形	不使用形(neutral)
かしら(ね)	かな・だろう(ね)・だろうか(ね)・っけ(ね)
N+ね,ナA+ね,等等	N+だね,ナA+だね,等等
N+よ(よね),疑问词+よ,ナA+よ(よね),等等	N+だよ(だよね)/疑問詞+だよ,ナA+だよ(だよね),等等
｛V/イA/ナA/N｝+のよ(ね)	｛V/イA/ナA/N｝+んだよ(ね)
わ/わね/わよ(わよね)	「わ」のない文末/ね/よ(よね)

注:N表示名词,イA表示い形容词,ナA表示な形容词,V表示动词。

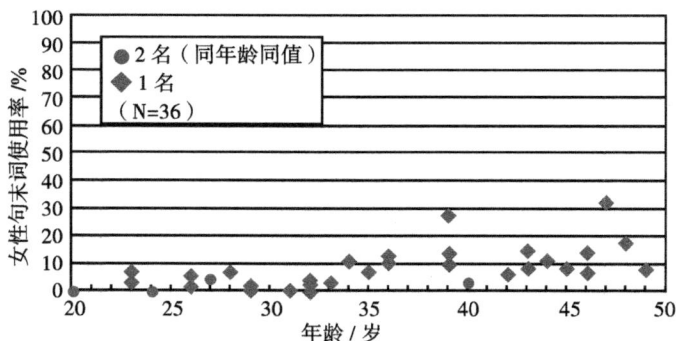

图1　日常对话中的女性句末词使用率

　　此外,根据同时进行的问卷调查结果,我们得知现在的年轻人在平时的对话中不用女性句末词,只在装腔作势或者开玩笑,以展现女人味、逗人笑时使用。对于她们而言,女性用语听起来很假,使用"かしら(kashira)"会让人讨厌,硬要使用则可能会让人觉得这是男同性恋者才使用的语言表达。多数女性句末词被视为只能在特殊场合使用且拥有特殊形象的表达。

3 电视剧的世界：女性句末词的使用特征

在本节，我们将简要介绍水本光美（2005, 2006）、水本光美等（2006, 2007, 2008）一系列调查结果所阐明的电视剧中女性句末词的使用状况及其特征。

水本光美等人从2005年4月至2006年1月间播出的电视剧中，选出了年代设定为现代日本且女性台词较多的15部国产电视剧（偶像剧10部，"日间剧"5部）和5部日语配音的国外电视及国外电影。水本光美等人抄录了这些电视剧和电影中的台词，并基于上述"二元对立表"算出了56名20—40岁女性出场人物使用女性句末词的频率。

统计结果显示，电视剧和电影中的女性句末词的平均使用率远超日常对话的平均使用率。在56名被调查者中，使用率在40%以上的高频使用者约占79%。从电视剧的类别来看，女性句末词的使用率从高到低排列分别为"日间剧""配音""流行"。在使用率最低的偶像剧中，20—40岁女性的女性句末词使用率如图2所示。

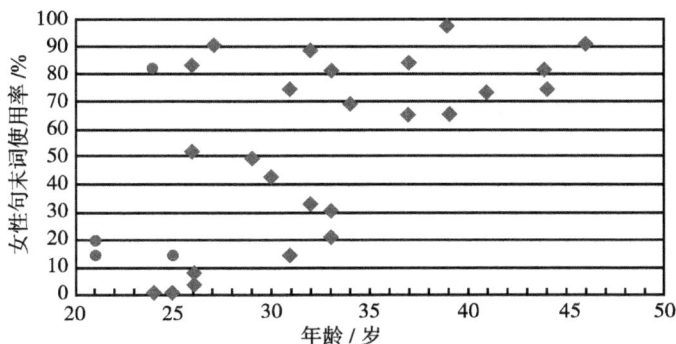

图2 偶像剧中出场人物（N=31）的女性句末词使用率

此外，在实际日常对话中，20—30岁的年轻女性极少使用的"わ系（wa系列）"在电视剧中被频繁使用。除了配音的国外影视剧外，在15部国产电视剧中，有10名台词数量较多的年轻女性的女性句末词使用率达到了实际日常对话的75倍（见图3）。

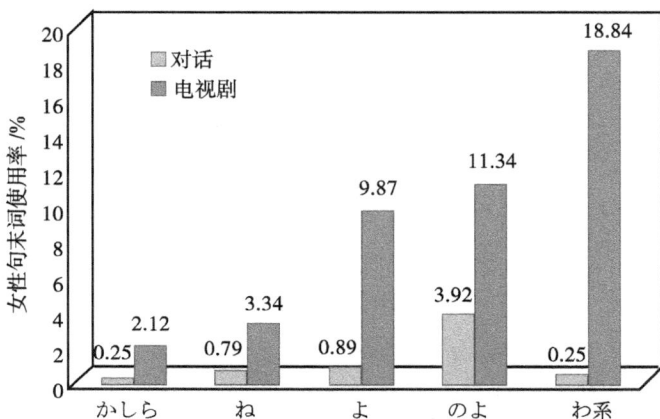

图 3 女性句末词使用率的比较

　　各出场人物的女性句末词使用率,从偶像剧的0%到日间剧的100%,各不相同,差距较大,但可以将它们分成三大类型:高频使用型(使用率在40%以上,是实际日常对话的10倍以上)、无使用型(使用率不到10%,与实际日常对话同一水准)、偶尔使用型(使用率在10%—40%)。在电视剧中,高频率使用女性句末词的出场人物,通常是知识性职业从事者(教师、律师等)、贵妇、贤妻良母,并且年龄越大使用率越高。

4　偶像剧:主张度强时的女性句末词

　　在偶像剧中,存在着平时不用,但在某种状况或语境中突然使用女性句末词的"开关式类型"的出场人物。她们的数量约占31名被调查者的1/3(10名),其平均使用率为19.86%。她们属于平时不用女性句末词的"偶尔使用型",但是会在讽刺、反驳、责备、抗议等**自我主张的场合**突然使用女性句末词,如下例。

　　　开关式类型例①〔对迟到的男性友人阿元(26岁)表示抗议的麻里子(21岁)〕

　　　　元:あ、わりぃわりぃ。

　　　　まり子:もう、どこ行ってたのよ。

　　　　　　　　　　　　　　　　　　　　　　(『夢で逢いましょう』, 2005)

阿元：啊，抱歉抱歉。

麻里子：真是的，你去哪儿了呀！

（《在梦中相见》，2005）

开关式类型例②（对突然打来的奇怪电话进行反驳的奈央子）

電話：あの若い男性は奈央子さんの恋人なんですか。お付き合いしていらっしゃるんですか。

奈央子：付き合ってなんかいない<u>わよ</u>。なんでこんな質問に答えなきゃならないんですか。

（『Anego』，2005）

电话：那个年轻男人是奈央子小姐的男友吗？你们正在交往吗？

奈央子：我可没在交往哟。为什么我必须回答你这种问题呢？

（《大姐头》，2005）

麻里子（临时店员）和奈央子（外派员工）都属于平时不太使用女性句末词的类型，但有时会如上述例子所示，突然使用女性句末词。这表明，在电视剧中，女性倾向于在缺乏冷静的场合突然使用女性句末词，而不是在日常平稳的对话中使用。同时，女性句末词也具有如开关式类型例②这种越过礼貌体、普通体的制约而使用的特征。

此外，在偶像剧中还存在开关式类型例③这种表达厌恶、揶揄的使用例。

开关式类型例③〔后辈加藤对公布婚讯的奈央子（32岁）提出忠告〕

後輩：ここまで宣言したらもう後には引けませんよ。

奈央子：あのさあ、加藤さんはどうしてそういう後ろ向きみたいなことばっかり考える<u>のかしら</u>ねえ。

（『Anego』，2005）

后辈：你都这么昭告天下了，可没有退路了哦。

奈央子：那个，我说，加藤你为什么净考虑一些退路之类的呢？

（《大姐头》，2005）

这些例子与原本女性句末词作为柔和形象的使用截然不同。可以说，这些是主张度较强的并在某种意义上具有特殊攻击性功能的女性句末词。

女性句末词的使用场合可分为柔和场合（跟对方不是对立场合的普通场合）、主张场合（与对方处于对立场合，反驳、责备、抗议、自我主张等主张度强的场合）、讽刺嫌弃的场合（讽刺、嫌弃对方的场合）。我们从偶像剧和日间剧中抽取10名有效台词数较多的出场人物，分析她们的女性句末词使用情况。分析的结果显示，相比于优雅的场合，"かしら（kashira）"多用于讽刺、嫌弃他人的场合。"わよ（wayo）"用于**主张度强的场合**的频率远高于一般的柔和场合。即便是高频率使用者使用较多的"わ（wa）"，其中1/3也是用于主张度强的场合。这种拥有特殊攻击性功能的女性句末词的多用，实际上可以归因于电视剧较戏剧化，非日常的对立场合较多。在对立场合，年轻人中的那些开关式出场人物为了表达感情、强烈突出自我而突然使用女性句末词，这被视为新近偶像剧的显著特征。

那么，在现实社会中，年轻人是否也会像电视剧一样，在特定的语境下切换成女性用语呢？水本光美等（2008）关于"わ系（wa系列）"使用情况的两个调查（问卷调查与设定主张度强的角色替换实验调查）回答了这个问题。关于具体的调查方法我们这里略过不提，但无论哪个调查，其结果都表明，在现实社会中，女性句末词的使用率极低。与电视剧出场人物的说话方式不同，在日常对话中，即便设定了反驳对方或主张自我的场景，二三十岁的年轻女性在说话时也不会使用女性句末词。就连在主张度强的场合中较多被使用的"わ（wa）""わよ（wayo）"，在日常对话中也没被使用。

5　编剧想象中的女性形象与其语言使用观念

在现实社会中，年轻人使用女性句末词的情况与电视剧存在显著差别，这是由创作电视剧剧本的**编剧**造成的。编剧们究竟对女性句末词有何种印象？他们又是如何让出场人物使用女性句末词的呢？

关于这一点，水本光美等（2008）于2005年10月至2006年6月间，耗时半年多对编剧们进行了问卷调查（以315名日本剧本作家协会会员为调查对象，共收回80份年龄段在30—80岁的作家的问卷。男女比例约为4:1，86%的编剧居住在东京都市圈），并得到了如下结果。

对于编剧而言，电视剧是虚构的世界，或者是将现实世界中发生的事情戏剧化改编的世界。编剧在思考电视剧出场人物的台词时，比起考虑现实中是否使用，近2/3的人会选择更易体现出场人物个性的说话方式，以及符合场景设置的说话方式。编剧**对女性句末词的印象**是"女性的""柔和""优雅""礼貌""知性有教养"等，基本上都是正面形象。但也有极少数编剧意识到女性句末词与现实使用之间的差异，它们是"非现代的"，并且是"中老年妇女用语"，具有"令人厌烦""非理智的"等负面形象。

问卷调查结果还表明，约有70%的编剧在电视剧中让出场人物使用女性句末词。编剧将日常使用女性句末词的人分成五大类：知识性职业的从事者（教师、律师、职业女性、经理秘书）；中流以上的主妇（贤妻良母、贵妇、富家太太）；不谙世事的娇小姐、不懂人间疾苦的女孩；装腔作势的女性；男性同性恋者、伪娘（shemale）。

整体而言，编剧多在强调女人味的场合使用女性句末词，如"强调礼貌和优雅的场合""装腔作势的场合""撒娇抱怨的场合""表达爱恋的场合"等。此外，在"讥讽对方的场合""生气争论等非理性的场合"使用女性句末词的例子也不少，偶像剧中女性句末词的"开关式"使用也是基于此。但是，也有不少编剧指出，女性句末词也用于表达各种意义，如在男性"扮演女性的场合"、少女等年轻女性"逞强好胜的场合"、骗子"伪装自己的身份和职业等场合""隐藏本性的场合"等"装扮"特殊的自己的场合。

根据这个调查结果，我们得知编剧似乎对女性的社会职业和作用抱有固定的印象，并将这种印象融入其创造的使用女性句末词的**女性形象**（社会阶层、地位、职业、场合等）中，以将出场人物的个性浅显易懂地传达给观众。这种印象是通过编剧本身的经验和**社会意识形态**培养的意识自然固化的；与此同时，也产生了与这种印象相结合的**语言使用观念**。不管是有意的还是无意的，我们都不可否认，编剧的**性别意识**或多或少在发挥着作用。

6　女性句末词的悖论——表露强大内心时的工具

如前所述，我们日常接触的电视剧中存在作为"**电视剧语言**"的女性句末词。这与现实社会的语言使用不同，是编剧的一种**性别表达**，他们将女性句末词作为塑造个性或突出场合的一种指标。如同开关式女性句末词的使用，电视剧中使用的女性句末词，在对立关系的场合担负着凸显情感或讥讽对方的作用。这与原来主张度较低的"礼貌、温柔、优雅"的女性形象不同，是表露女性强大内心时使用的女性句末词，能让人更加强烈地感受到女性的主张。就目前的调查而言，我们还没有在现代社会年轻女性中发现同类用法。

但是，为何编剧要在这种场合使用女性句末词呢？首先，我们认为这种用法在利用女性句末词原本拥有的柔和功能，即通过盖上女性句末词这块"头纱"，在某种程度上柔和、弱化女性的强烈感情和主张并传达给对方。以前，"自我主张的女性"曾被视为"缺乏品位和不够冷静"的人。由于这种固化的**性别观念**，即便在日常生活中女性句末词不再被使用的时代，当要表示女性强烈主张自我等感性场合时，便会切换使用女性用语，这种情况也许就存在于现实中。若果真如此，从这种现象产生"女性强烈主张自我的场合＝感性场合＝使用女性句末词"的共识也就没什么不可思议的了。我们也可以认为，现在电视剧中的开关式使用，正是因为这种形象还残留在编剧的脑海中。这种结果导致，原本应是弱化主张度的、柔和的女性句末词，变成了表露强大内心的工具。这种悖论现在正产生于电视剧中。

如今，现实社会中的年轻女性已经舍弃"头纱"，用平时使用的语言或者偶尔用男性度高的语言来主张自我。基于这种现实变化，有些编剧不再让年轻人使用女性句末词。近些年，特别是在偶像剧领域，年轻女性的女性句末词使用也呈减少的趋势。此外，有调查表明，认为应该将男性用语和女性用语保留下来的编剧仅有14%。

考虑到这些因素，也许将来这种作为"电视剧语言"的女性用语终将消亡，或者仅作为电视剧语言而"化石化"。不管如何，女性句末词的使用，虽然反映了编剧的性别意识和与对应时代相符的女性形象，但今后也会慢慢发生变化吧。我们希望各位读者能关注到它的变化和发展趋势。

附记

本章包含水本光美等系列研究论文中的引用部分。在此，请允许我对共同研究者福盛寿贺子、高田恭子、福田步表示诚挚的谢意。

参考文献

小川早百合，1997．現代の若者会話における文末表現の男女差［C］∥日本語教育
　　論集—小出詞子先生退職記念—．東京：凡人社：205-219．

小川早百合，2004．話し言葉の男女差—定義・意識・実際—［J］．日本語とジェン
　　ダー（4）：26-39．

尾崎喜光，1997．女性専用の文末形式のいま［M］∥現代日本語研究会．女性の
　　ことば—職場編—．東京：ひつじ書房：33-58．

小林美恵子，1993．世代と女性語—若い世代のことばの「中性化」について—［J］．
　　日本語学，12（6）：181-192．

マグロイン・花岡直美，1997．終助詞［M］∥井出祥子．女性語の世界．東京：明
　　治書院：120-124．

水本光美，2005．テレビドラマにおける女性言葉とジェンダーフィルター—文末詞（終
　　助詞）使用実態調査の中間報告より—［J］．日本語とジェンダー（5）：23-46．

水本光美，2006．テレビドラマと実社会における女性文末詞使用のずれにみるジェ
　　ンダーフィルタ［M］∥日本語ジェンダー学会．日本語とジェンダー．東京：ひ
　　つじ書房：73-94．

水本光美，福盛寿賀子，福田あゆみ，他，2006．ドラマに見る女ことば「女性文末詞」—
　　実際の会話と比較して—［J］．北九州市立大学国際論集（4）：51-70．

水本光美，福盛寿賀子，2007．主張度の強い場面における女性文末詞使用—実際の
　　会話とドラマとの比較—［J］．北九州市立大学国際論集（5）：13-22．

水本光美，福盛寿賀子，高田恭子，2007．会話指導における女性文末詞の扱い［J］．
　　第六回OPI国際シンポジウム発表論文集：85-90．

水本光美，福盛寿賀子，高田恭子，2008．ドラマに使われる女性文末詞—脚本家の
　　意識調査より—［J］．日本語とジェンダー（8）：11-26．

三井昭子，1992．話し言葉の世代差—終助詞と副詞を中心に—［J］．ことば（13）：
　　98-104．

言情小说

——语言建构的亲密关系

佐藤响子

1 作为模拟实验场的言情小说

我们有意无意选择使用的话语，包含了表明自己是怎样的人，以及对他人的态度和心情。希望跟某人构筑亲密关系时所使用的语言并非凭空而生的，而是我们平时耳闻目睹的内容内化于心的产物。这种信息来源之一就是**言情小说**。作家石田衣良曾说，每次恋爱的对象不同、地点不一，因此大家都没有自信。正因为如此，言情小说作为**模拟实验场**具有存在价值。本章以言情小说为题材，探究模拟实验场为我们提供的有关恋爱的**话语和语言资源**。在探究这些内容之前，我们先来追溯言情小说中爱情形式的变化过程。

2 恋爱的形式

亲密关系必须被基于双方对等关系的恋爱所支持，这种想法在20世纪70年代出现。这种将重点放在人与人之间关系的想法，产生了"没有不恋爱的人"这一恋爱至上主义。伴随着这种意识的变化，言情小说的情节也发生了变化（Shibamoto Smith，1999，2004）。

20世纪70年代的小说还残留着浓厚的重视女性婚前是否为处女、是否在适婚年龄结婚、家庭内部的性别分工规范等观念。在这个结婚被视为理所应当的年代（35岁以下男性的未婚率约为12%，女性约为7%），言情小说以恋爱到结婚的过程为主线，双方家庭的差异、第三者的存在等成为故事情节发展的必然要素。

进入20世纪80年代后，社会开始鼓励女性拥有兴趣爱好或进行消费，小说中的女性也开始自我思考、自我行动了。女性不再被男性所支配，也不再被"你年纪也不小了，我娶了你吧"此类话语所左右，而是自身表明结婚与否，如果结婚那么何时结婚。不会表达感情的男性很难获得女性的青睐。与此同时，男性明确的感情表达增加了。但是，结婚作为一大主题仍旧没有改变。

自20世纪90年代起，从恋爱到结婚这种生活过程规范越发衰退了。20世纪70年代小说中的"我想早点让你成为我的新娘""我也想早点成为新娘""姐姐的问题先放一放，妹妹由纪先结婚你觉得怎么样"（平岩弓枝《新娘的日子》，1982）等台词消失了。结婚不再是言情小说的主要话题。

到了21世纪，日本30多岁男性的未婚率约为47%，女性约为32%，如"恋爱格差（恋爱差别）""婚活（为了结婚所做的事）"等流行语所示，日本开始进入恋爱困难的时代。"恋爱—结婚—性生活"或者"恋爱—性生活—结婚"这种形成亲密关系的过程开始崩塌。性描写作为言情小说的必备项目被固定下来，但性生活并非都以结婚为前提，也不能说都与爱有关。

综观这种言情小说，经过了对男性而言如何与心仪的女性拥有性生活、对女性而言如何巧妙地回避来自男性的亲近而显示自身良好的品行为主题的时代，开始转变为在恋爱关系中性生活既非目的亦非手段，而是与饮食等同视之的时代。这是因为，经历了为了性生活和结婚这个目标而保持亲密关系的阶段，言情小说现在寻求更前沿的东西。下文，我们将分析进入这种崭新时代后写就的并被广泛传阅的言情小说中出场人物使用的语言，探究在恋爱场合使用的语言资源和其背后的话语。

3 亲密度的确认——如何称呼对方

如前所述，我们使用的语言并非凭空创造出来的。如果是凭空创造出来的，那么就不可能相互传情达意。我们通过在自身生活的文化中选择可利用的**语言选项（语言资源）**中的某些特定部分，来表明自己与他人的关系，这就成为表明语言使用者的立场。特别是，如何称呼对方（称呼）成为表示被称呼者对自己而言是怎样的人的一个指标。作为发展、确认两人关系的手段，**彼此的称呼**在言情小说中频频成为话题。

在片山恭一的《在世界的中心呼唤爱》（2006）中，男主人公松本朔太郎突然被同班同学广濑亚纪叫作"阿朔"，他吃惊得"将口中融化的冰激凌一口误吞了下去"。亚纪解释道"松本君的妈妈都是这么叫你的吧，因此我也决定叫你为'阿朔'"。

为了从相互称呼"松本君"和"广濑"的关系中再向前跨出一步，亚纪首先选择改变称呼。实际上，在更改称呼之后亚纪提议交换日记。"你母亲也是这么叫你的吧"，这不过是个借口，改变称呼本身对亚纪来说才是重要的。

在岛本理生的《爱，不由自主》（2008）中，作为爱情确认手段的称呼经常成为讨论话题。女主人公工藤泉被刚确定恋爱关系的小野玲二要求直接称呼他为"玲二"。但是，对于对别的男性还抱有强烈想法的工藤泉而言，小野玲二的名字"玲二"宛若陌生一般让人难以亲近。相反，小野玲二把对工藤泉的称呼从"工藤君"改为"泉"。即便约会了多次，工藤泉依然称呼小野玲二为"小野君"。对此，小野玲二将这种称呼视为工藤泉对自己没有感情的证据。

「その呼び方、もうやめろよ。三ヶ月付き合って小野君はないだろう。本当は俺のことなんか好きじゃないくせに困ったとき俺に頼るなよ。」

"不要再叫我小野君了。哪有都交往三个月了还叫别人小野君的?! 其实你并不喜欢我，只是需要我的时候才来找我的吧。"

在濑尾麻衣子的《柔美的音乐》（2008）中，随着男女主人公关系的日益亲密，对双方的称呼也发生了变化。某日，主人公永居健在车站突然被大学生铃木千波盯着看。两人在每天早上打招呼的过程中互生情愫，开始交往。永居健在车站突然被铃木千波搭讪时，称呼铃木千波为"铃木小姐"。

「ね。俺だって、かなり怖いんだけど。」
「でも、私、怪しくないから安心してください。ほら。」
鈴木さんは鞄から学生証を出して、僕に差し出した。

"哎，我吧，其实挺恐怖的。"

"可是，我并不奇怪，所以请安心。你看。"

铃木小姐从包里拿出了学生证递给我。

永居健每天都能碰到铃木千波并逐渐被她吸引，他向铃木千波提出，希望铃木千波能成为他的恋人，并得到铃木千波的同意。于是，铃木千波开始称呼永居健为"阿健君"。但是，铃木千波并非抱着恋爱的目的而靠近永居健的，所以"两人成为恋人比想象中困难"。因此，在剧中的旁白里，铃木千波依旧称呼永居健为"永居君"。

「おはよ。タケル君。」

「おはよ。そのタケル君っていうのやめてくれない?恥ずかしいんだけど。」

永居さんは、君付けで名前を呼ばれるのは小学生の時以来だと、いつも文句を言う。

"早啊，阿健君。"

"早。你能不能不叫我阿健君？我觉得难为情。"

永居君说小学毕业后就没被叫过某某君了，他总是发牢骚。

随后，两人的关系发展到自然而然地牵手，经常一起待在永居健的房间里，相处得十分和谐融洽。两人在对话和旁白中的称呼也逐渐统一为"千波酱"和"阿健君"。

如果不叫姓而叫名，那么并非所有场合都能确认感情吧。但是，至少从本节选取的小说中可以看出，感情的强烈与否和怎样称呼对方有着极强的相关性，不用姓而用名称呼对方是恋人之间确认关系的指标。

4 "僕（boku）"与"俺（ore）"——如何表达自己

除了如何称呼对方外，**如何称呼自己（自称词）**也和表明自己与他者关系，以及自身身份密切相关。

在《爱，不由自主》中，与工藤泉有关联的两名男性中的一人用了"僕

（boku）"称呼自己，而另一人用了"俺（ore）"。用"僕（boku）"的是工藤泉的高中老师，他虽然知道工藤泉的心意却没有接受她的爱恋，他是一个虽温和但优柔寡断的男性；而用"俺（ore）"的是工藤泉的恋人小野玲二，他是即便偷看了工藤泉的日记本也会说出"我们正在交往，即便看一下也没关系吧"的那种会束缚对方的男性。

这个例子显示，男性使用的第一人称自称词"僕（boku）"和"俺（ore）"的语义存在不同。也就是说，为了凸显特定的某种人物形象，作者会选择某种特定的自称词。

为了进一步分析"僕（boku）"和"俺（ore）"的语义有何不同，我们来看一下《柔美的音乐》的主人公永居健的自称词。如前文引文所示，永居健在与铃木千波对话时使用了"俺（ore）"自称，在非对话时用了"僕（boku）"自称，这在两人认识之初和永居健被邀请到铃木千波家做客时都没有改变。

为何永居健要改变自称词呢？如果先陈述结论，那么就是通过使用这种"俺（ore）"展现一个不向陌生人屈服的强大自我，或者在恋人面前塑造一个拥有男人气概的自我。说话方式与功能（例如恋人）、个人的特征（例如谦虚）相关联。自称词"俺（ore）"和句末词"ぜ（ze）"一般是说话人言行粗鲁时或显示自身强大时使用的。但是，这些特性如果被文化性定位为男性理想的特性，那么自称词"俺（ore）"和句末词"ぜ（ze）"就间接地成为男人气概的指标，使用了这些词语的人就是具有男人气概的人。

男性使用的自称词有"私（watashi）""僕（boku）""俺（ore）"三种。永居健通过从中选择男性专用自称词"俺（ore）"与铃木千波这个外部世界相对峙，而通过选择"僕（boku）"进入自我的世界。乍一看恋人自称为"俺（ore）"似乎是理所当然的，但永居健区分使用自称词的事实告诉我们，"俺（ore）"是强烈标示男性性的自称词。

然而，永居健在和铃木千波的父母对话时使用了"僕（boku）"。"僕（boku）"既没有"俺（ore）"那么随便，又没有"私（watashi）"那么正式，是男性自称词中礼貌程度居中的一个。永居健是考虑好该在铃木千波父母面前如何表现自己后，才使用"僕（boku）"的。

这里的重点不是与女朋友对话时合适的自称词应是"俺（ore）"，与女朋友父母对话时合适的自称词应是"僕（boku）"这个问题，而是我们选择怎样的表达是对照当场可能利用的参照系（话语）和手头语言资源的结果，由此也可见我们的为人。当然，表露出来的特征会成为他人理解与否的根据并广为流传，这也是我们每个人都可以利用的参照系（话语）。

5 亚纪的"女性用语"——虚幻与雅致

现代年轻女性已经几乎不用"わ（wa）""かしら（kashira）""の（no）"等**女性专用句末词**。甚至有人说，女性专用句末词仅存在于小说和电视剧中。与**此同时，男性专用句末词**"ぜ（ze）"也不太听得到了。虽然它们已经不被使用，但还继续出现在小说中，那么它们究竟发挥着怎样的作用呢？

在《在世界的中心呼唤爱》中，朔太郎与亚纪在中学时期邂逅，在高中时期永远地分开了。他们之间的对话如同恋人之间的对话，朦胧、温馨。但是，与现实生活中的初高中生迥异的是，两人使用包含各自性别专用句末词的"女性用语"和"男性用语"。

下面的对话是朔太郎把从祖父那里听来的内容转述给亚纪的场景。亚纪频繁使用"なのよ（nanoyo）""わ（wa）"等女性专用句末词，而朔太郎也使用男性专用句末词"（だ）ぜ〔（da）ze〕""かい（kai）"。

「でもおじいちゃんにも相手の人にも、妻や夫がいたんだぜ」彼女はしばらく考え込んで、「奥さんや旦那さんから見ると不倫だけど、二人にとっては純愛なのよ」と言った。

「そういうふうに立場によって、不倫になったり純愛になったりするのかい。」

「基準が違うんだと思うわ。」

"但是爷爷和对方都是有家室的人啊，"她沉思了一会儿说，"从太太或先生的角度来看这确实是出轨，但对于两个当事人而言是纯爱呢。"

"立场不同，对出轨和纯爱的判断会不同吗？"

"我认为判断标准不同。"

实际上，我们绝不认为中学生和高中生在现实生活中会有如上对话。但是，与现实背离的性别专用句末词的使用并未受到读者关注，小说仍非常畅销。理由之一，就是小说中的女性用语非常符合亚纪这个人物形象。女性用语蕴含的虚幻、雅致凸显了亚纪即使身患重病面临死亡，却仍旧认真、可爱、随和、学习好的人物形象。此外，作者通过让守护在亚纪身边的朔太郎使用男性用语来彰显两人**相辅相成的关系**。为了表达特定的人物形象和特定的身份，我们可以将性别特有的表达作为手段加以利用。

6 "女性用语"的使用与不使用——成熟与不成熟

在石田衣良的《东京娃娃》（2007）中，有许多台词无法判断是男性的台词还是女性的台词。但是，并非所有台词都是如此。在 MG（Master of the Game）① 与裕香的对话中，MG 使用的"な（na）"、裕香使用的"もん（mon）"等表达，属于性别专用句末词或为各自性别所喜好的表达。

　　「お疲れ、今月の校了けっこう早かったな。」
　　「うん、夏休みだから、先生たちも締め切りをまえ倒しにしてくれたみたい。それより、MG、顔色がいいよ。パートⅣの突発口が見つかったの。」
　　「確実とはいえないけど、きっかけはつかめた。」
　　「原案書にはいるまえのあなたって、声をかけるのもしんどいんだもん。これで山場を越えたんだね。おめでとう。いいなあ、何億円にもなるアイディアが二、三週間暗くなってるだけでできるなんて。」

　　"辛苦了，这个月的校对很快啊。"
　　"嗯，因为是暑假，所以好像老师们也把截止时间提前了。不过，MG，你今天气色很好啊。找到第四部分的突破口了？"
　　"还不能说已确切找到，但找到了切入口。"
　　"在开始制订草案前，你连打个招呼都困难啊。这下跨过紧要关

---

① MG是Master of the Game的缩略词，是《东京娃娃》的男主人公，一个天才游戏开发师。他在自家附近的便利店邂逅了在便利店打工的与里，从与里那里获得游戏开发的灵感，而与里也消除了MG的孤独感。（译者注）

头了，恭喜你。太好了，价值好几个亿的策划再辛苦两三个星期就可以搞定了。"

与MG关系密切的另一个女性与里并不像裕香那样使用女性用语。对于一直拍自己照片的MG，与里用命令的口吻说："ねえ、写真ばかり撮ってないで、MGもここに座りなよ。（唉，不要只是拍照，MG也坐到这边来。）"在"スーツなんて短大の入学式以来だよ"（套装什么的，短期大学入学典礼后就没再穿过了）里，与里甚至用了男性专用句末词"だよ（dayo）"。

使用女性用语的裕香和不用女性用语的与里，两人都被作者赋予了不同的使命。裕香是商务杂志的编辑，不喜欢随便邋遢的装扮。MG拜托她工作上的要事，她都能迅速应对。即便看到MG搂着与里回家，裕香也能镇定自若。而对于MG而言，不用女性用语的与里就是一个娃娃。埋头工作的MG曾对与里说："我现在可没空和娃娃玩。"与里也把自己定位为"即便是空洞愚蠢的娃娃，有时也能打动一个人"。

20世纪七八十年代的小说，只要是女性都使用女性用语。在《新娘的日子》中，无论是心地善良、为人谦恭的女性〔如"おいしいわ。しっかり味をおぼえて、家に帰ったら作ってみるわ（真好吃啊。我要记住这个味道，回到家做做看哦）"〕，还是为人强势、雷厉风行的女性〔如"私、緊張しすぎて、疲れてしまったの。軽いお酒を頂いて帰りたいの（我太紧张了，累坏了。我想稍微喝点酒再回家呢）"〕，无一例外地使用了女性用语。

21世纪的小说，有时候用女性用语，有时候不用女性用语。既存在《在世界的中心呼唤爱》中亚纪那种女性人物，又存在《爱，不由自主》中那种几乎不用女性用语的女性人物。这意味着女性用语成了凸显某种特定人物形象的手段。例如，通过使用女性用语，作者将裕香展现为一个成熟、通情达理的人物形象；通过不用女性用语，作者将与里展现为一个年轻、幼稚无知的人物形象。有意思的是，即便是同一个人（如MG），也会根据实际情况使用男性用语。例如，在使用女性用语的女性旁边时使用男性用语；而在不使用女性用语的女性旁边时则不用男性用语。

7 从女性到男性——性别指标与语言

亲密关系发生变化以来，"爱"的范围越来越广。但是，几乎所有言情小说都是描写异性恋的，从正面直视同性恋或者跨性别者的小说数量很少。在极少数的小说中，笔者想以东野圭吾的《单相思》（2004）为例，思考男女的界线究竟在哪里的问题。

主人公日蒲美月从小就无法接受自己是女性，但她一直过着作为一名女性应有的生活。因为某个契机，她得以选择作为一个男性生存。这样的日蒲美月，她的语言表达中充斥着"男性用语"。

> 「自分でいうのも変だけど、オレが一人でいれば、誰だって男だと思うはずだ。これっぽっちも疑ったりしない。だけど、一緒にいる人間によっては、正体がばれちゃうことがある。」
> 「どういうことだ。」
> 「たとえば、今のこの状態がそうなんだ。QBは身体がでかいし、面構えもいい。動作の一つ一つが男っぽい。そういうのと一緒にいると、どうしても見劣りしちまう……オレのことが女に見えても不思議じゃない。どこに行ったって、たぶんそう見られる。」
>
> "我自己来说有点儿奇怪。如果只有我一个人，那么谁都会认为我是一个男人。谁都不会怀疑。但是，一旦跟别人在一起，我就会露出马脚。"
> "怎么说？"
> "例如，现在的情况就是如此。QB块头大，长相也好，举手投足也像个男人。与这种人在一起，我就会相形见绌……认为我是个女人也没什么奇怪的。无论去哪里，我大概都会被如此看待。"

日蒲美月自称为"オレ（ore）"，并且常使用男性专有的表达，例如"でかい（大）""面構え（长相）""見劣りしちまう（相形见绌）"。这些台词，无论是内容还是语言表达方面，在我们思考男女的界线时都具有启发性。日蒲美月希望自己拥有一具男性的躯体，因此她服用荷尔蒙，积极锻炼肌肉，而且非常在意自己的动作。我们很难界定,怎样的身体、动作、语言是男性或女性的,并非所有的男性都身强力壮,也并非所有的男性都大步向前、分腿而坐。我们之前探讨的所谓女性用语和男性用语的使用也是如此。然而,我们深信男性是这样的,女性是那样的,并且苦于这种形象与自身之间的反差,为了填补这些反差我们掩饰装扮,甚至有时利用这些反差生活。利用的手段之一就是我们所使用的语言。但是,日蒲美月为了成为男性所进行的身体、语言方面的努力,以及周围人无法坦然接受她的现实告诉我们,特定的身体、行动、语言与特定性别强有力地结合在一起,这种结合深深渗透在我们的意识中。

正因为小说是虚构的,我们才可以正视通过语言联系起来的恋人之间的关系,才能冷静地观察其背后潜藏着的想法和观点。小说反映了时代特征,现实又受到了小说的影响。在恋爱实验场,究竟怎样的语言资源和话语会被准备且被使用呢? 这值得我们进一步探讨。

参考文献

アンソニー・ギデンズ,1995. 親密性の変容―近代社会におけるセクシュアリティ、愛情、エロティシズム―[M]. 松尾精文,松川昭子,訳. 東京:而立書房.

ヴィヴィアン・バー,1997. 社会的構築主義への招待―言説分析とは何か―[M]. 田中一彦,訳. 東京:川島書店.

OCHS E, 1992. Indexing gender [M] //DURANTI A, GOODWIN C. Rethinking context. Cambridge: Cambridge University Press: 335-358.

SHIBAMOTO SMITH J S, 1999. From hiren to happî-endo: romantic expression in the Japanese love story [M] //PALMER G B, OCHI D J. Languages of sentiment. Amsterdam: John Benjamins: 131-150.

SHIBAMOTO SMITH J S, 2003. Gendered structures in Japanese [M] //HELLINGER M, BUSSMANNEDS H. Gender across languages: the linguistic representation of women and men, volume Ⅲ. Philadelphia: John Benjamins: 201-225.

SHIBAMOTO SMITH J S, 2004. Language and gender in the (hetero) romance: "reading" the ideal hero/ine through lover's dialogue in Japanese romance fiction [M] // OKAMOTO S, SHIBAMOTO SMITH J S. Japanese language, gender, and ideology: cultural models and real people. New York: Oxford University Press: 113-130.

资料

石田衣良，2007．東京 DOLL［M］．東京：講談社．

片山恭一，2006．世界の中心で、愛をさけぶ［M］．東京：小学館．

島本理生，2008．ナラタージュ［M］．東京：角川書店．

瀬尾まいこ，2008．優しい音楽［M］．東京：双葉社．

東野圭吾，2004．片想い［M］．東京：文藝春秋．

平岩弓枝，1982．花嫁の日［M］．東京：講談社．

专栏3

动漫主题曲与性别

北川纯子（大阪教育大学副教授）

随着1963年《铁臂阿童木》的放映，动漫及其主题曲成为日本重要的"文化"。从歌词中可以看出主人公性别带来的差异。这里，我们来探讨一下613首动漫主题曲[①]。

首先，在主人公为男性的动漫主题曲中，动词"行く（去）""燃える（燃烧）""たたかう（战斗）"被频繁使用，含有物理性破坏义的"くだく（碎）""ぶちのめす（打倒）"等动词也频频出现。此外，我们也能见到"立て（请站起来）"等动词的命令形、由表示坚持到最后的接尾词"ぬく（……彻底，……到底）"构成的"がんばりぬく（努力到最后）"、含有表示决心的终助词"ぞ（zo）"的"倒すぞ（打到你）"等文字表达。在名词方面，表示激烈自然现象的"嵐（暴风雨）""竜巻（龙卷风）""稲妻（闪电）"，表示精神、心理概念的"勇気（勇气）""正義（正义）""決断（决断）"，以及"宇宙（宇宙）""地球（地球）"等词也很醒目。与身体相关的"血（血）"和"背中（背部）"仅在主人公为男性的主题曲中出现。此外，与主人公为女性的主题曲相比，七五调以及叹号的使用在主人公为男性的主题曲中相对更多一些，例如"砕け！キャシャーン……アンドロ軍団倒すまで 燃える怒りをぶちかませ（摧毁一切！卡辛……燃起熊熊怒火，打倒安德罗军团）"（《再造人卡辛》）。

其次，在主人公为女性的动漫主题曲中，没有特别频频使用的动词，但女性用语的终助词"の（no）""わ（wa）"、表示寻求同意的终助词"ね（ne）"的使用很常见。还有一点比较有特色的是，"しちゃう（shityau）"

---

① 具体包括CD《电视漫画主题曲的历史》《续电视漫画主题曲的历史》（都由哥伦比亚出版社出版发行）285首，CD《最新电视漫画歌曲集》（哥伦比亚出版社）24首，歌曲集《动漫歌曲决定版》（Boutique社，2008）304首。

的使用，我们能零星看到"愛しちゃう（爱）""できちゃいそう（一定可以）"等表达。命令形几乎不出现，但能看到"わらって（笑一下）""助けにきてください（来帮帮我）"这种表示依赖的表达。在表示身体部位的名词方面，我们可以看到"ボイン（巨乳女性的俗称，相当于汉语的'波霸'）""ペチャパイ（平胸女性，相当于汉语的'飞机场'）""髪（头发）"等词。这些词与前文提到过的"血（血）""背中（背部）"等拥有象征意义的词语相比，更加具体地描写了作为物体的身体部位。此外，我们也能零星见到"不思議（不可思议）""占い（占卜）""魔法（魔法）"等表示超常现象的名词，以及"ですます調（desumasu体，礼貌体）"的使用，例如"ハートの回路があああ～乱れます　恋の神に操られ　わたし不思議大胆よ（心的回路已乱，被恋爱之神所操控，我大胆得不可思议啊）"（*Haai Step Jun*）。

总体而言，动漫主题曲的歌词区分描写了试图与广大世界相关联的主人公为男性的"男性世界"，以及在莫名其妙的巨大影响力下"成了这样"的女性为主人公的"女性世界"。此外，"男性世界"的理想方式也被现实生活中的英雄主义漫画的主题曲所继承。

虽然我们能够大体分析出以上倾向，但是动漫主题曲的歌词也具有与时俱进的一面。其一是，部分歌词开始使用英语。但与日语歌词相同，主人公为男性的动漫主题曲也频繁使用动词和命令形。其二是，"战斗少女"被加入到漫画的内容之中。从"必殺技でハートキュン！（必杀技让人怦然心动！）"（《美丽祭师二人组》）这句歌词中我们能看到，原本属于"男性世界"的元素被用来描写女性。其三是，歌词不描写动漫情节，主题曲开始选用摇滚流行歌手演唱的流行歌曲。这些歌曲虽然弱化了原来的动漫主题曲所描绘的"男女世界"，但从另一侧面说明依附男性的"演歌式"女性形象在新的伪装下被吸纳进来。例如"地味に生きていくの　あなた好みの女　目指せっつ！！（低调地活下去，做一个你喜欢的

专栏3

女人!!)"(《灌篮高手》)、"女なら耐えられる痛みなのでしょう(这是女人能忍受的痛苦吗?)"(《城市猎人:保镖密令》)。

虽说如此,但歌词并非仅限于描绘了什么,如果是考虑谁如何接受,那么我想既有女性演唱"男性世界"的漫画主题曲从而调节心情的例子,也有男性演唱"女性世界"的主题曲瞬间扮装成"少女"的例子。动漫主题曲为我们提供了两种情况:"区分描写"的根深蒂固和个人大量运用"区分描写"。

专栏4

从性别看《古今和歌集》
——"美"这种规范的幻惑

近藤美雪（实践女子大学文学部教授）

　　说到花鸟风月，想必大家都会联想到日本的经典传统美吧。被四季装点的细微变化的大自然，以及人类的喜怒哀乐、风花雪月，统统融合于"三十一文字"①的语言世界，这就是日本第一敕撰和歌集——《古今和歌集》②（905）。

　　虽然贺茂真渊批判其不如《万叶集》"丈夫振り（阳刚大气）"，认为其"手弱振り（纤巧细腻）"③，但反过来说，《古今和歌集》的本质就是将男性的权力结构巧妙地"男扮女装"。无论身披多么优美的装束，它的大前提都是敕撰集，即在天皇的谕旨下编撰成集，是反映以天皇为首的王朝律令国家意识形态的作品。由谕旨召集起来的4名编撰者清一色为男性。在收录的1111首和歌中，除了作者不详的和歌外，作者为男性的有505首，而为女性的只有87首，约占1/6，还不到总数的一成，而且这87首和歌均是由男性编撰者严选出来的。可以说，这呈现出"男性的语言支配与女性的沉默"的社会状况（德博拉·斯彭德《男性支配语言》）。

　　优美的和歌让人们抱有女性优位的幻想，但实际上《古今和歌集》是以天皇奏览为目的而建构的男性主义的语言教材。为了不先入为主，我

---

① 日本和歌一般由31个假名（五七五七七）构成，因此"三十一文字"用来指代日本和歌。（译者注）

② 《古今和歌集》是日本平安初期（10世纪初）由纪贯之、纪友则、凡河内躬恒、壬生忠岑共同编选而成的和歌集，是一个巨大的文学宝库，流畅与优美的行文奠定了其在日本古典文学史上的地位。《古今和歌集》与《万叶集》不同，在内容上带有贵族倾向，风格纤丽，但同时也有《万叶集》的流风遗韵。《古今和歌集》共20卷，收录1000余首和歌，其中恋歌就占了5卷360首，占总数的1/3。（译者注）

③ "丈夫振り"是贺茂真渊的用词，指的是大方粗犷的和歌风格。《万叶集》的"丈夫振り"被视为理想的风格。"手弱振り"指的是优美纤细的和歌风格，与《万叶集》的"丈夫振り"相对，主要被用于形容《古今和歌集》之后的敕撰和歌集。（译者注）

专栏4

们一方面有必要了解男性拥有怎样的"语言",并建构作为自己身份的"男性性";另一方面,也有必要知道哪种"语言"的女性和歌被选为适合敕撰和歌集并建构应有的"女性性"。路径和方法多种多样不一而足。笔者利用语言处理软件N-Gram分析[①],以文字序列为单位抽取男女各自专有的表达,并进行比较分析,以期阐明潜藏在传统美中的性别意识形态(近藤美雪《古今集的"语言"类型》,载于《性别的生成》)。令人吃惊的是,在《古今和歌集》中,"恋爱"等与异性恋制度本质相关的"语言"被男性独占,我们通过分析得以证实这个事实。"恋しかり(思念、思慕)""恋死(相思而死)""恋わたる(长相思)"等包含"恋"字语句的和歌多达114首,但只有4首是女性写的。这4首和歌体现了万叶时代的女性吟诵"恋"这个"词语"的状态。舍弃男女均为恋爱主题的万叶式理想方式,《古今和歌集》的编撰者们将恋爱的主体特化成了男性。

这里掌握"恋爱"主导权进行"恋爱"的是男人气概和男性的身份。相反,女性则无法成为"恋爱"的主体,只能被建构为总是处于被动方的身份。此外,《古今和歌集》的主要修辞手法是比喻,但比喻也潜藏着性别意识形态。嫩草喻指可爱的少女,梅花喻指女人的香味,樱花喻指高贵的美女,女萝喻指水性杨花的女性。如此,男性视角下的"女性"被巧妙地与景物相连并被符号化。再则,这部作品因受到敕撰这种权威的支撑,成为贵族社会的必读书目和学习的对象。以下是作品问世50年之后的轶事:当时天皇的宠妃听从父亲"御学问には、せさせ給へ(恭请您笃学善思,精进学问)"的教诲,背诵了《古今和歌集》全20卷,因而越发受宠。《古今和歌集》作为"备受喜爱的女性古今集",大部分古代女性自觉阅读并接受其规范。

"美"是最让人无法抗拒的规范。不管男女,《古今和歌集》作为获

---

① N-Gram(有时也称为N元模型)是自然语言处理(Natural Language Processing, NLP)中一个非常重要的概念。通常在NLP中,人们基于一定的语料库,利用N-Gram来预计或者评估一个句子是否合理。N-Gram的另外一个作用是用来评估两个字符串之间的差异程度。(译者注)

取"美"的"语言"与思考方式的必读圣典，在平安时代之后的中世、近世也备受尊崇，成为人们学习的对象，巩固了其不可撼动的地位。同时，它通过"美"这种装扮，让其蕴含的性别意识形态深深渗透到日本人的内心深处。具体而言，"美"这种规范不仅是文学，也是性别语言学的研究对象，是一个极具魅力的课题。

III

创造的"语言"与
抵抗的"语言"

年轻女性的"男性用语"

——语言表达与身份

冈本成子

1　思考语言表达

我们有时会听到对年轻女性**"不像女人"的语言表达**的批判，例如"现在的年轻女性语言粗鲁不像个女的""女孩子使用'おれ（ore）''行くぞ（去哦）'等男性用语真是粗俗"等。但是，为什么会有这些批评呢？究竟怎样的说话方式才"像女人"呢？年轻女性使用"男性用语"是为了什么呢？要回答这些疑问，就需要阐明语言与性别的关系，以及**语言的社会性语义和功能**。换言之，分析"不像女人"的语言表达，是思考对女性行动方式社会规范的存在与影响力，以及不符合规范的说话方式所拥有的意思，而且这成为考察**通过语言表达建构身份**这个当今语言与性别研究领域重要问题的契机。本章将思考这些问题，特别聚焦年轻女性对话的句末形式和敬语的使用。

2　"女性用语"与"男性用语"的特征

在社会语言学领域，对英语等语言中男女差异的研究自20世纪70年代中期起盛行。其中，与其他语言相比，日语的男女差异特别大，男性用语（或称"男性语"）和女性用语（或称"女性语"）的差异被表述在方式、语音、词汇、语法等方方面面。表1简单总结了这种表述（金水敏，2003；Okamoto & Shibamoto Smith，2008）。

表 1 "女性用语"和"男性用语"的特征

项目	特 征
方式	与"男性用语"相比，"女性用语"礼貌柔和，非断定，是间接的、高雅的
语音	与男性相比，女性声调高，句末均上升调，避免语音的缩略形式，例如将"うまい（umai，好吃）"说成"うめえ（umee，好吃）"
词汇	人称代词：在第一人称方面，女性用"あたし（atashi）""あたくし（atakushi）"，男性用"おれ（ore）""ぼく（boku）"等，"わたし（watashi）"和"わたくし（watakushi）"男女双方都使用，但女性用得更多。在第二人称方面，男性用"きみ（kimi）""おまえ（omae）"等，"あなた（anata）"男女双方都使用，但是女性用得更多
	其他词汇：男性有时使用"食う（吃）""でかい（大）"等"粗野な（粗俗的）"词语，但女性避免使用这些词语。男性使用"おい（oi，喂）""こら（kora，哎呀、喂）"等，女性使用"あら（ara，啊呀）""まあ（maa，哎哟、哎呀）"等间投词
语法	敬语：比起男性，女性多用尊敬语〔如"お読みになる（读）"等〕、谦虚语〔如"お読みする（读）"等〕、礼貌语〔如"です（desu）""ます（masu）"等〕
	接头辞"お"：比起男性，女性多用名词前加"お"〔"おみず"（水）等〕的词语
	句末形式：比起女性，男性多用命令形〔"行け（去）"等〕。女性使用"よ（yo）""よね（yone）""だわ（dawa）""かしら（kashira）"，以及"（句末上升调的）わ（wa）"等终助词，而男性使用"ぞ（zo）""ぜ（ze）""だ（da）""だよ（dayo）"等终助词

关于这种男性用语和女性用语的特征，我们除了能在社会语言学，还能在日语的语法书和教科书中看到（中村桃子，2007）。这种表述给人的印象是：日本男性均使用男性用语，日本女性均使用女性用语。那么，事实果真如此吗？

3 实际对话中"女性用语"与"男性用语"的使用

首先，我们看一下以下两个例子。

对话①
A：リフト？それ？リフトじゃない。一応、なんか。
B：ゴンドラ。
A：ゴンドロか。
B：ゴンドロじゃねえ。ゴンドラ。（笑）
A：升降机？ 那是？ 不是升降机。 大概，叫什么？
B：是 gondola（吊舱）。
A：是 gondoro 吗？

B：不是gondoro。是gondola（吊舱）。（笑）

对话②

C：だって、月5000円で暮らせるんだよね。

D：あっ、そう。あ、そうなんだー。

C：うん、友達が、あ、そう、書いたんだ、手紙、そういえば。

D：あ、そうか、そうか。

C：可是，一个月5000日元就能活下去了吧。

D：啊，是的。啊，是啊——

C：嗯。朋友，嗯，是这样写的，信上，这么说来的话。

D：啊，是吗？是吗？

　　两个例子均来自实际生活中的对话，4名说话者究竟是男是女呢？如果根据我们上文探讨的男性用语和女性用语的"学问型"表述，那么从"（ゴンドロ）か〔是（gondoro）吗〕""じゃねえ（janee，不是）""だよ（dayo）""だ（da）"的使用情况来看，对话①和对话②的说话者应该都是男性，但实际上4人都是女大学生。最近的几项研究指出，像这种女性使用男性用语的现象在实际的对话中很常见，无法单纯将其作为"例外"而视而不见。

　　在此，作为例子，我们将简单论述以往分析过的10组对话中的**句末形式与敬语的使用**。对话的参与者是居住在东京的20名女性，其中10人是18—20岁的女大学生，其余10人是已婚中年女性，年龄在43—57岁。各组对话均为2个亲密友人之间的"闲聊"，女大学生的对话有5组，中年女性的对话也是5组。对话由参加者自己录音，我们舍弃了各组对话中可能会不自然的开头5分钟，抽取并分析了5分钟之后的150个句子。

　　关于句末形式，我们参考以往研究，将其分成"男性形""女性形""中立形"3类。"男性形"被视为男性使用的句末形式，如"ぞ（zo）""ぜ（ze）""じゃねえ（janee）""だ（da）""だよ（dayo）"等；"女性形"是被视为女性使用的句末形式，如"（句末上升调的）わ（wa）""かしら（kashira）""のね（none）""なの（nano）""でしょ（desyo）"等。此外，我们把男女双方均使用的"よね（yone）""じゃない（janai）""かな（kana）"等视为"中立形"。依据这种分类，

我们调查了每个说话者的150个句子的句末形式，计算了女大学生与中年女性的3种类型句末形式使用率的平均值，结果如表2所示。

表2　10组对话中句末形式的使用率

单位：%

句末形式	女大学生（18—20岁）	中年女性（43—57岁）
女性形	12.3	36.3
男性形	18.9	12.3
中立形	68.8	51.4
合计	100.0	100.0

从表2中可知，女大学生和中年女性最常用的是中立形。比起女性形，女大学生更多用男性形，而中年女性则更多用女性形。虽然存在个体差异，但是10名女大学生中有8名女生更多用男性形，而10名中年女性中有9名女性更常用女性形。此外，在女性形"（句末上升调的）わ（wa）""かしら（kashira）"等强烈表示女性性的句末形式的使用方面，女大学生只占所有句末形式的4.5%，而中年女性则有18.2%。再则，在男性形方面，两个团体都极少使用"ぞ(zo)""ぜ(ze)"等强烈表示男性性的句末形式，使用率几乎为零，女大学生仅有1.4%，而中年女性仅有0.1%。

下面我们再来看一下敬语的使用情况。如前所述，10组均为亲密友人之间的对话，我们没有发现对聊天对象表示敬意的对者敬语，即没有发现礼貌语〔"です（desu）""ます（masu）"等〕的使用。但是，当提到上司、长辈或不熟的人时，说话者使用了对该人表示敬意的素材敬语，即尊敬语〔如"お読みになる（看）"〕和谦虚语〔如"お読みする（看）"〕。与之前的句末形式相同，我们以每个说话者的150个句子为对象，调查了可能使用素材敬语的地方〔如"この本、高木先生が書いたんだ（这本书是高木老师写的）"〕和实际上使用了素材敬语的地方〔如"この本、高木先生がお書きになったんだ（这本书是高木老师的大作）"〕。表3是调查分析的结果。从表3中可知，女大学生的敬语使用率为12%，中年女性为65%，两者的使用频率存在巨大差异。

表3 10组对话中素材敬语（尊敬语、谦虚语）的使用情况

使用情况	女大学生（18—20岁）	中年女性（43—57岁）
可能使用素材敬语的地方	43	99
使用素材敬语	5（12%）	64（65%）
未使用素材敬语	38（88%）	35（35%）

注：括号内为占比。

在其他几个研究中，我们也可以发现女性未必使用女性用语这个既存事实（远藤织枝，2001；水本光美，2006；等等）。下文，我们将思考女性不使用女性用语所蕴含的意义。

4 不使用"女性用语"的女性就缺乏女人味吗

通过上文对10组对话的分析，似乎可以得出女大学生的语言表达不如中年女性有女人味的结论。如果再重新阅读对话①和对话②这两组来自学生之间的谈话，应该会有人觉得这两组对话的语言表达都缺乏女人味吧。对话②a是将对话②中使用的句末形式和间投词稍加改变后的对话。可能比起对话②，对话②a让人感觉更有女人味吧。若果真如此，那么又是为什么呢？

对话②a
C：だって、月5000円で暮らせるのよ。
D：あら、そう。あ、そうなの—。
C：ええ、友達が、あ、そう、書いたのよ、手紙、そういえば。
D：あ、そう、そうなの。
C：可是，一个月5000日元就能活下去哦。
D：啊，是的。啊，是吗——
C：嗯。朋友，嗯，是这样写的，信上，这么说来的话。
D：啊，是吗？是这样吗？

这种"像女人""不像女人"的形容方式，是将女性的语言表达基于某种"基准"（例如表1中女性用语的特征）进行评价的。如果脱离这种基准，那么就

不像女人。例如,"最近,年轻女性的语言变得粗鲁了""女人使用男性用语是粗俗、无聊的""女性的男性用语听着刺耳"等批判声出现在报纸、杂志的投稿栏和评论里。《女性的魅力是"说话方式"》(金井良子,1994)、《女性的美丽说话方式与说话艺术》(下平久美子,2004)等有关女性的礼仪和语言表达的图书长年热销,这些书都强调温和、礼貌、优雅的语言表达是"美丽、有魅力的",是成为"女人味"女性的秘诀(Okamoto & Shibamoto Smith,2008)。因此,女性用语并非单纯的语言问题,而是将什么视为"女人味"这种**有关女性理想状态的意识形态**问题。在此需要特别关注的是,有"女人味"的说话方式和女性理想状态不仅仅是"温和、礼貌、优雅",而是与女性的"美"相结合的。

5 女性语言表达规范的形成

在销量超过300万册的畅销书《女性的品格》(坂东真理子,2006)中,有一个小节是"有品格的语言与说话方式",该书也规劝女性"尽可能使用规矩礼貌且优美的日语"。例如,"有些人误解了男女平等,误会女性也可以不用礼貌的语言、敬语和女人味的语言""有些人对工作或职场上的人使用敬语,但在私人场合却不用敬语""即便是亲密的关系也应该彬彬有礼,尽可能使用'です(desu)''ます(masu)'体"。但也有人指出,"特别有女人味的敬语表达在日常生活中是效率低下的且不合时宜"。此外,年轻女性经常使用"超かわいい(超可爱)""マジー?うっそ〜(真的? 不可能吧)"等表达,但这被认为是"假装可爱,让人感到恶心"。

这种对女性语言表达的评价"标准",不仅出现在杂志、报纸等的投稿栏、评论,以及教养书中,而且在日常生活中的各个层面也被反复提及(金水敏,2003;佐竹久仁子,2003;水本光美,2006;冈本成子,2008)。这种"标准"的反复出现产生了女性使用"温和、礼貌、有女人味的"说话方式是理所当然的这种**"常识"**,而且这种"常识"成为**"规范"**,约束着女性的言行。换言之,这是本书"语言与性别关系"这一章所论及的**霸权**,是"基于同意的统治"的绝佳例子。

我们之前看过的"学问型"表述的女性用语特征并非客观的描写,也反映了这种女性语言表达规范。再则,这种女性用语与人们头脑中普通的"标准语",或者女性的"山の手ことば(山手用语)"相呼应。例如,句末形式和敬语等具体的表达例子均为"标准语"的形式,即女性的"标准语"作为女性用语,仿佛是所有女性使用的语言,并通过提示这一点来抹消使用"方言"式男性用语的女性的语言。此外,即便不属于"标准语"的女性用语,也能表达女人味(Okamoto & Shibamoto Smith, 2008)。因此,"学问型"女性用语的表述方法,并非仅仅反映了规范,还通过"标准语"对其规范进行狭义的再解释(冈本成子,2008)。但是,近年来,人们逐渐认识到这种"女性用语"表述方法的问题点,因而基于崭新视角且针对女性多样化语言表达的研究被不断推进。

6　语言释义的多样性

我们再看一遍之前20名女性的对话。例如,与中年女性相比,女大学生在对话中使用敬语的情况要少得多。因此,如果基于坂东真理子等人制定的"女人味"标准,那么女大学生的说话方式是缺乏女人味的。但是,我们不认为这些女大学生一定要使用不显得失礼的说话方式和拥有女人味的说话方式。在谈及亲密的朋友或不在场的人时,如果对上司或长辈使用敬语,那么会让谈话对象产生疏离生分感。换言之,敬语的不使用,表达了与对方的亲密关系,可以认为这是积极构建亲密关系的一种策略。但是,在有些人看来,不使用敬语是缺乏女人味的。其实,这并非孰是孰非的问题,而是关于语言表达观点的差异,是由女性的理想方式、**"女人味"意识形态**的差异带来的。

敬语的使用是"礼貌且有女人味的",也是"疏离生分,反而显得失礼";"だ(da)""だよ(dayo)"等的使用是"粗鲁且缺乏女人味的",也是"直率且让人感觉亲近的"。这种差异显示了同一个表达的解释可能多种多样这一重要事实(这并非仅限于语言,还适用于服装、行动等方面。如泡泡袜,有人认为它"邋遢",有人认为它"帅气")。例如,水本光美(2006)关于句末形式"わ(wa)""かしら(kashira)"的意识调查显示,大多数20—40岁的男性都觉得这些句末形式具有"女人味""成年女性""性感"等形象,而相同年龄层的多数女性则回答称,她们在面对"年纪大的人或上司长辈"时,或者"想和对方搞好关系"时,又或者想制造一种"玩笑的效果"时,才会使用这些句末形式。这表明,即便是相同的表达,解释的人不同或者说话的对象不同,意思就会不同。例如,在与年纪大的人交谈时,有"女人味"的句末表达也许是"温和礼貌"且合适的。但是朋友之间交谈时，这种"夸张的女人味"会被当作玩笑使用，即"女人味"作为玩笑的对象而共有，从而强化伙伴意识。此外，这种女性语言表达的解释和评价的差异因时代不同而不同。例如，明治时代的"てよだわ言葉（teyodawa用语）"（金水敏，2003；中村桃子，2007），最初出现在女学生之间，当时被批判为"粗鲁的、低端的"，但随着这些表达开始在小说中被使用，人们对其的看法也转变为肯定，认为其是"近代的、年轻的"。不久之后，年纪大的（中、上流阶层）女性也开始使用，"てよだわ言葉（teyodawa用语）"成了"温和、礼貌、优雅"的语言。但是，现在有时也因"夸张的女人味"的刻板印象成为嘲讽的对象。可以说，这种语言表达的意思，受到解释语义者如何看待说话者、向这些说话者寻求什么这种观点的极大影响。

7　年轻女性多样身份的建构

语言释义的差异与说话者在选择语言表达时如何看待该表达所带来的效果密切相关。我们再来回顾刚才的女大学生的说话方式吧。她们几乎不用敬语，但是这并非因为她们不会使用敬语。笔者对她们进行采访时，她们在"合适的"地方使用了敬语。当问她们对年轻女性的男性用语怎么看时，她们回答自己使用的并非男性用语而是"年轻人用语"。此外，她们认为使用"わ（wa）""かしら（kashira）"等所谓有"女人味"的说话方式，会让人觉得"正式"或"装腔作势"。这也是语言表达相同却释义不同的例子。也就是说，对于她们而言，传统的女性用语无法很好地表达年轻女性的身份。

此外，这些女大学生在与笔者对话时使用敬语，而与同伴相互交谈时不使用敬语。她们并非单纯因为是女性而使用女性用语，而是根据场合区分使用语言。对于她们而言，使用"ぞ（zo）""じゃねえ（janee）"等"粗鲁的"表达，是在向"心意相通的对象"示爱，这样的表达在老师和父母面前是不能使用的。例如，对话①中的"ゴンドロじゃねえ（不是gondoro）"是为了表示听错发音很可笑，对话③中的"遠いぞ（很远）"用于强调，对话④中的"勝手に言ってろ（随你怎么说）"是反驳对方，这些均为传达特殊语感的使用例。

对话③

C：いや、だって遠いぞ。

D：うん、だけどなんかいい感じじゃん。

C：不，可是很远哦。

D：嗯，但是总感觉不错吧。

对话④

E：勝手に言ってろって。

E：说什么随你怎么说。

这种男性用语的使用与坂东真理子批判为"孩子气"的"チョーかわいい（超可爱）""マジー？（真的吗？）"等俚语的使用相同，它让年轻女性朋友之间的对话显得生动活泼，并且对通过这些表达建构"真实自我"也有所帮助。

但是，使用这种较强男性用语时，往往伴随着对话①的那种玩笑感，以及像对话④那种不说"勝手に言ってろ（随你怎么说）"，而在句末使用"って"这种表示引用的助词，给人似乎不是自己说的感觉，添加"被包围"的表达〔如"って感じ（……之类的感觉）""とかいって（说是……）"等〕。这种男性用语的使用暗含不一般的意思，这与在和老师、父母谈话时回避男性用语相同，也提示她们并非完全不受"女人味"规范的束缚。但是，即便如此，她们仍旧使用男性用语，即便在有限的范围内，她们也敢于突破规范，这是为了通过相互容忍所谓的"违规行为"而强化伙伴意识吧。可以说，她们一边根据场合衡量"女人味"的规范一边选择用词。有时温和礼貌的女性用语有用，而有时男性用语有效。换言之，我们的周边存在适用于某种社区或场合的**地方性语言规范**。说话者通过区分这些并选择用词，试图建构与说话场合相称的身份或者女性形象。

8 多样的场合、多样的说话方式、多样的"女性性"

当然，上述行为并不仅限于年轻女性，而是针对所有女性（另外，男性亦是如此）。例如，在有些地方，女性在日常生活中会使用"おれ（ore）""じゃねえ（janee）"等男性用语，如果这种现象在该区域是普遍的，使用者不会被批判为"粗鲁"或"缺乏女人味"。反过来，如果她们对着家里人或当地的亲密朋友使用"标准"的女性用语，则会产生违和感。此外，即便使用方言也可以有"女人味"。因此，前面分析的女性用语这种规范，可以说是从各个对话场合中游离出来并被抽象理解的内容。说话者实际上将其与各个场合进行比较并把握，基于"什么场合选择说什么话"的这种地方性规范意识选择用词，即女性在各种场合使用多样的语言表达自己。因此，"女人味"也被以各种形式所表达。换言之，何谓有"女人味"的说话方式，或者何谓女人得体的说话方式也是相对的，并非固定的。这种有"女人味"的说话方式，比基于"标准语"的女性用语的范围要广，且具有复杂的结构，这产生了女性丰富的语言生活，甚至对**建构多样的身份**发挥了作用。

参考文献

遠藤織枝，2001. 女とことば―女は変わったか 日本語は変わったか―［M］. 東京：明石書店.

岡本成子，2008. 日本語における女性の言葉遣いに対する「規範」の再考察［M］// 佐藤慎司，ドーア根理子. 文化、ことば、教育―日本語/日本の教育の「標準」を越えて―. 東京：明石書店：83-105.

金水敏，2003. ヴァーチャル日本語―役割語の謎―［M］. 東京：岩波書店.

佐竹久仁子，2003. テレビアニメの流布する「女ことば/男ことば」規範［J］. ことば（24）：43-59.

中村桃子，2007. 「女ことば」はつくられる［M］. 東京：ひつじ書房.

水本光美，2006. テレビドラマと実社会における女性文末詞使用のずれにみるジェンダーフィルタ［M］//日本語ジェンダー学会. 日本語とジェンダー. 東京：ひつじ書房：73-94.

OKAMOTO S, SHIBAMOTO SMITH J S, 2008. Constructing linguistic femininity in contemporary Japan: scholarly and popular representations［J］. Gender and language, 2（1）：87-112.

语言与性爱（sexuality）
——多样的性爱形式

克莱尔·玛瑞

1 何谓性爱（sexuality）

说到"性"，可能很多人都会认为是生物学的性吧，即是女性还是男性的意思。"性"经常被用于表示"性别"。同时，"**性**"这个词语也用于表示"**性行为**"或"**性现象**"。在现代社会，如果某人是女性这种性别，那么她就会认为自己是女性，认为与自己相恋的人是男性；如果某人是男性这种性别，那么他就会认为自己是男性，与自己相恋的人是女性。这是"普遍"现象。一般我们深信，这种基于**性别二元论**的**异性恋**是"自然"之事。但是，人类的性别并不能完全二分为"女（雌）"和"男（雄）"，人类的"**爱**"蕴含着复数的可能性。

例如，有些刚出生的小宝宝同时拥有男女双方的性别身体特征。在以"女（雌）""男（雄）"这种二元对立为原则的社会，这种实为"双性人（intersex）"的人被强行归为某种性别，作为女性或男性活着。与双性人完全相反，也有些人超越二元论式"性别文化"，这就是"跨性别者（transgender）"。他们当中，有些人作为"女性"出生但作为"男性"活着，有些人作为"男性"出生但作为"女性"活着，在广义上这些人也被称作"性别认同障碍者"。在日本，自2003年起，由于自己的性别和性别认同的不一致而感到困扰的性别认同障碍者，如果符合变性手术条件，就可以进行手术，改变户籍上的性别。性别与性别认同的应对方法如今已经变得多种多样。

即便是"性爱"的"爱"，也存在各种各样的"爱"。近年来，学界也开始审视以下观点：仅将基于性别二元论的男女关系视为唯一正确的，其他的人际关系没有价值的观点和社会制度称为**异性恋规范**。

也就是说，性爱（sexuality）与人类社会息息相关，除了性取向，还包含"性"或"性行为"的正确方式和解释。对性爱（sexuality）的解释和性行为的意义，根据社会和文化的不同而有所不同。

2　为何是语言与性爱（sexuality）

如果思考恋人之间的情感表达，那么我们就会发现语言与性爱（sexuality）有着密切的关系。我们用语言表达对他人的情感，也通过语言传达自己的欲望。在我们表达"我是异型性取向男性"等性别身份时，语言也发挥着重要作用。人们可能通过对方的说话方式来判断其性别身份。因此，有些人会有意识地使用语言对抗异性恋规范。在对性别少数者持有根深蒂固的社会歧视和偏见的环境下，他们有时会为了自身安全而选择使用模仿基于性别二元论的异性恋规范的语言表达。

在研究个体的性别身份和其身份的践行、性表象，以及性描写、性别歧视与语言、欲望与语言、语言与性爱（sexuality）时，会衍生出多种课题。那么，让我们先来看一下探究性爱（sexuality）与语言关系的研究经历了怎样的过程。

3　语言与性爱（sexuality）研究

语言与性爱（sexuality）研究领域的确立约在20世纪90年代，此后人们围绕这方面开展了各种研究。2000年之后，语言与性爱（sexuality）研究越发活跃。相对于支持以性别身份（例如男性同性恋、异型性取向女性、双性恋男性）为基础的语言与性爱（sexuality）研究，基于正因为他是男同性恋所以其使用的语言是同性恋语言的这种存在巨大漏洞的循环论法的研究增加了。给予这种变化以很大影响的便是酷儿（queer）理论。

4　酷儿理论的影响

所谓酷儿理论，就是产生于人文科学或社会科学，质疑"规范性"的一种研究立场，它认为身份并非与社会、文化、时代毫无关系，并非完全由个人决定，它不仅仅聚焦于自己与他者的差异，还聚焦于多重相关身份。这里所说的酷儿，来源于queer（变态）这个单词。它原本是英语中的侮辱语，20世纪90年代开始被当事者使用，其后被用于表示"对异性恋规范有异议者或立场"之意。酷儿理论批评的异性恋规范，是指将异性恋这种男女的恋爱和组建家庭等视为宣贯他人的人际关系、恋爱和组建家庭具有更高价值，并将其视为社会的基础性观点，以及基于这种观点的社会制度。酷儿理论通过明确性别与性爱（sexuality）的复杂关系，将基于这种异性恋规范——性别（性）规律的性爱（sexuality）的自然化视为问题。换言之，酷儿理论批判如下观点：将基于性别二元论的性别视为规范的异性恋为"普通"的"自然之事"，将同性恋、跨性别者（transgender）等视为"异常"的、"不自然"的"例外"。酷儿理论阐明了在语言活动中语言使用者的性别行为、语言与性别身份的复杂关系。

德博拉·卡梅伦（Deborah Cameron）与唐·库利克（Don Kulick）指出，酷儿理论还探究人类是如何通过对话让性爱（sexuality）具现化，以及如何完成性别身份，性爱（sexuality）与性别身份是如何被多样的谈话类型语言式表象的（卡梅伦，库利克，2009）。作为探讨性爱（sexuality）与性别身份的表现类型，卡梅伦与库利克列举了诸如科学性或者大众性的分类学、报刊的谈心谈话栏目、报纸的征婚栏目或情人节信息、性教育教材等。更为重要的是，语言与性爱（sexuality）研究并非以从异性恋规范中跳脱出来的人们的语言活动为主进行的，而是批判性思考异性恋规范，以及其再生产异性恋的领域。

因此，近年来，研究者们在思考性爱（sexuality）与语言时，倾向于一边批判异性恋，一边推进研究。同时，也有部分研究者质疑，如果离开性别身份这个概念，那么男同性恋和女同性恋这种性少数派的问题就会模糊暧昧，就无法对抗语言中的性别歧视，聚焦异性恋可能会招致强化异性恋规范的结果。但是，如同卡梅伦，库利克（2009）指出的，正因为我们在形成有关性的观点和建构自己的性别身份时使用各种资源，才不得不关注社会所强制的异性恋规范。

性爱（sexuality）与性别身份并非唯一的对应关系，而且性爱（sexuality）

不仅包含心理、生理层面,还包含社会、文化层面(Sauntson & Kyratzis,2007: 5)。因此,我们要承认实践(即实际的语言使用)与话语(即规定语言使用的观点等)之间存在差距,批判性地看待它们之间的关系(玛瑞,2007)。借用卡梅伦,库利克(2009)的观念,这个领域是探究"在特定社区说话者如何'采纳'这些可能利用的话语资源"。此外,掌握这种复杂且具创造性的用法也很重要。下面,我们将通过具体的例子,从话语水平和实践水平方面来探讨这个问题。

5 性爱(sexuality)的表象——语言表达与性爱(sexuality)

语言表达与性爱(sexuality)研究是以语言表达为中心,探讨性爱(sexuality)和性指向如何被表达、被表象的领域,特别是批判性分析报纸、广播、电视、网页等大众传媒,以及教材、词典中的表达。这种研究暗示社会整体的歧视结构,并分析歧视的生产和再生产。下面,我们来分析通过日语中有关性爱(sexuality)的语言资源所看到的规范,以及破除这些规范的策略。

如前所述,异性恋规范给予男女相互吸引的关系以最大的价值,不属于性爱规范的关系被视为"乖离的"和"不一般的"。在语言研究中让人饶有兴趣的是,这种"一般"的关系并未被特别语言化,现实中用来表达不是这种关系的词语丰富多样。笔者对面向日语学习者编写的词典和国语词典中收录的有关"性爱"的表达进行了调查,随机选出14本词典中与"性指向"相关的词语(如"异性恋""男色""女同性恋"等)、表示"性行为"的词语(如"性""性交""性行为"等),以及表示"心理状态"的词语(如"爱""恋爱""喜欢"等),并分析了这些词语的定义(玛瑞,1998)。调查结果显示,词典中几乎没有表达"异性恋者"之义的词条,但表示"同性恋者"之义的词条不少。此外,众多表示"爱""恋"等人类感情和行为的表达却仅限于"男女"关系。由此,可以说"异性恋"这种关系并未被直接定义,而是被间接定义了,即围绕性爱词语的词典定义是以异性恋规范为前提的。

此外,《广辞苑》(第6版)中有"异性恋(heterosexuality)"这个词条,并将其定义为"将异性作为性欲的对象"。这与"同性恋"的定义"将同性作为性欲的对象"基本上是一个思路。但是,因为有关性行为的词语"性交"的语义使用了"男女在性方面的交合"这种表达,所以产生了间接的限定。此外,在词典中，"爱"被解释为"男女相互倾慕对方之情"，这让人感觉到一种以"异性恋"为基准的倾向。

在这种社会环境中，超脱异性恋规范者就要在表达自己身份的词语方面下功夫。虽没有出现在词典这种权威出版物中，但抵抗异性恋规范的词语为数不少。玛瑞（2007）把在圆桌论坛和采访中被提及的这类词语称为"ギョーカイ用语（业界用语）"，并对其进行分析。"业界"这个词本身就转义于"从事同一产业者的社会。特别是与传媒、广告等相关者的社会"（《广辞苑》第6版），现在在日本意指LGBT（L=Lesbian，女同性恋；G=Gay，男同性恋；B=Bisexual，双性恋；T=Transgender，跨性别者）团体。在20世纪90年代出版的有关LGBT团体的杂志中，有关于这种词语的说明。例如，20世纪90年代中期出版的面向女同性恋和双性恋女性的杂志（*Phryné*和*Anise*）中就有相关的用语集。

Phryné（创刊号，1995：172）指出，"业界"泛指"女同性恋团体"，是指代这类群体的"方便用语"。理由是，这是"即便在电车中或在咖啡店里也能毫无顾忌地轻松说出口的便利之词"。将女人作为爱恋对象的女性们，在公共场合很难用"女同性恋"这个词来讲述自己的性爱（sexuality）或与自己相关的团体，因此借用在其他领域也流行的词语。例如，如同"高中出道"这个词语组合，最初意为在年轻时开始了某种否定式行为，到了20世纪90年代，"出道（début）"这个词开始被用于表示女同性恋和双性恋女性朝着LGBT团体发展之意（玛瑞，2007）。通过这种方式，这些女性就可以暂时回避被异性恋规范所强行赋予的"女同性恋"形象。

通过批判性分析词典中的词语，我们发现在日语有关性爱的词语里，"爱"等词语只限定于男女，并且这些词的释义都把异性恋定位为"自然"之事，对于其他类型的恋爱关系则给予特别的"名字"。同时，我们也发现有许多积极回避这些被给予的"名字"，而借用其他领域流行语的情况。他们有时"积极"采用歧视用语〔例如，有人用"オカマ（okama）"[①]这个侮辱性表达来指代自己〕，有时使用稍加修正的词语。对于自己身份的称呼，不是由外部赋予"名字"，而是从内部产生，这种情况并非仅限于性爱（sexuality）。

---

① "オカマ（okama）"，是指称日本男扮女装者或包括跨性别者在内的部分男同性恋者的词语，是一种蔑称。该词原指肛门，具有侮辱性，应该回避使用。（译者注）

6 语言表达与性爱（sexuality）

2000年之前的性别与语言研究，性爱（sexuality）往往以某种形式被蕴含在其他表述中，较多见的有"夫妇间的词语"。在明确提及性爱（sexuality）的研究中，多为有关女性"非现实"或"不成熟的"男性语使用，或是"男性艺人""オカマ（okama）""男同性恋"使用的"女性用语"（玛瑞，2007）。

当然，我们在思考日语时必须认识到，女性用语和男性用语概念里的"存在和女性、男性相称的语言表达"，作为"常识"为大家所共有，这一点作为所谓现代社会的规定而发挥作用。考虑到这些，我们有必要将二元对立式看待事物的问题点纳入视野，也要将刻板印象视作问题。如果我们关注日常生活中"常识"的不均衡、变动，以及实际的语言使用与性别规定之间的不一致性，那么我们就能更加明确地发现如何通过使用语言资源实现自己的身份，如何认知、表达性现象。

日语中被性别化的语言要素很丰富。如今，语言的性别规定在日语中被强有力地继承下来，第二人称与第一人称就是典型的例子。人称代词的使用，因场合（是否是公共场合）、对象（是否为上司）或性别（说话者的性别、听话者的性别）的不同而不同，这在教科书中就有相应的说明。在采访或上课过程中，当我们询问大家孩提时代的经历时，多数人提及自己曾被他人提醒要注意第一人称代词的使用。特别是许多人被忠告过，"女の子だから、'おれ'って使っちゃだめだよ〔女孩子不能使用'おれ（ore）'哦〕""男の子だから'ぼく'って言いなさい〔男孩子要说'ぼく（boku）'〕"等。虽然有的人无法认同仅仅"因为你是女的"或者"因为你是男的"就要这么说话，但是知道社会对"女らしくない女（缺乏女人味的女人）""男っぽい女（男人婆）"或者"男らしくない男（缺乏男人气概的男人）""女っぽい男（娘娘腔）"的态度并不友好，因而努力让自己的语言表达符合规范。这种"男っぽい女＝本物の女ではない（男人味女人＝并非真正的女人）""女らしい男＝本物の男ではない（女人味男人＝并非真正的男人）"的固定观念，实际上不仅与性别相关，而且也与性爱（sexuality）相关（玛瑞，2007）。日语使用者每天都要克服这些复杂的问题。

如何称呼自己，因人而异。如何表达自己，这如同教材所展示的，不仅会因人际关系和性别，还会因对语言的观点、对场合的解释不同而不同。宫崎步分析了东京近郊某中学A年级学生使用第一人称代词的情况。他指出，如果仅作为固定范畴的性别是无法解释A年级学生的人称代词使用情况的（Miyazaki，2004）。分析结果显示，第一人称的区分使用与年级这个语境密切相关，学生不能完全"自由"地选择。"わたし（watashi）"除了作文外不会用在其他地方，"あたし（atashi）"不适合在教室里使用，女学生更倾向于使用既不会像"あたし（atashi）"那么正式又不会显得那么有女人味的"うち（uti）"。此外，"おれ（ore）"被认为是男性使用的人称代词，但是具有反叛精神的女生也会故意使用该词。也正是因为"おれ（ore）"给人嚣张的印象，所以有些男生回避这个表达。语言表达与性爱（sexuality）问题相互纠缠，可能是因为"女人味"和"男人气概"的概念是基于异性恋规范的。

在接受玛瑞（2007）采访的受访者中，也有人强烈意识到语言表达与性爱（sexuality）之间的关联性。直爽、率真的女同性恋者欧佳极力回避男性用语，使用有"女人味"的人称代词。参加圆桌论坛的其他受访者推测，这是为了断绝"女同性恋＝男孩子气的"这种刻板印象，对于这点欧佳也表示同意。但是，欧佳在解释自己的下意识语言行为时说："自己内心不太女性化，但若被认为是男性则会非常反感。"她不喜欢被强加上女性性。欧佳下意识使用的语言表达其实是"オネエことば（one用语）"①，是将女性用语恶搞后的说话方式，通过夸张、强烈的表达方式来试图逃脱社会强加给女同性恋者的刻板印象和对女人的偏见。

前文我们分析了将语言资源"纳入"自己语言表达的具体例子。我们用自己的价值观来认知日语中多种人称代词及其使用的相关规定，并尽可能符合自身的使用习惯。这种认知方法与各种原因相关，性爱（sexuality）也是其中之一。

7 语言与性爱（sexuality）的复杂关系

如本章开头所述，语言和性爱（sexuality）均与我们的生活密切相关。探

---

① "オネエことば"（one用语），是指在日本的部分男同性恋中使用的较为夸张的女性用语。使用"one用语"但没有男扮女装的同性恋被称作"one"。该词为具有侮辱性的歧视用语。（译者注）

讨双方关系的领域就是语言与性爱（sexuality）研究。在这个领域，20世纪90年代的研究倾向于将性爱（sexuality）解释为与语言使用者的性指向及其认知（即异性恋、同性恋、双性恋）相关的内容。此外，该领域的研究往往脱离异性恋规范者，且容易把异性恋与性别/性别与性爱（sexuality）相混淆。这是因为语言与性别研究自然而然地将女性和男性视为异性恋者（玛瑞，2007）。对此，在语言与性爱（sexuality）研究中，学者们通过质疑异性恋规范探讨男同性恋和女同性恋的语言表达。这时，我们有必要在不将其还原为（非异性恋式）性别身份，不忽略社会、文化中实际存在的权力（权威）的情况下，继续探究语言与性爱（sexuality）。

我们吸纳语言资源，有时也使用背负着性爱（sexuality）和性别规范的语言表达，以对抗规范的形式创造性地使用语言。但是，即便是今天还留有许多值得探讨的课题，例如表示性的语言、异性恋与语言的关系、尚未被提及的双性恋身份等。今后，我们如果能继续对各种形式的语料（报纸、教材、日常对话）进行分析，那么就会更加明确语言与性爱（sexuality）的关系吧。

参考文献

クレア・マリィ，1998. 液状化する日本語—性（意）のあることば—［J］. 現代思想，26（10）：122-135.

クレア・マリィ，2000. ことばの罠のネゴシエーション［J］. 現代思想，28（14）：212-224.

クレア・マリィ，2007. 発話者の言語ストラテジーとしてのネゴシエーション行為の研究［M］. 東京：ひつじ書房.

デボラ・カメロン，ドン・クーリック，2009. ことばとセクシュアリティ［M］. 中村桃子，熊谷滋子，佐藤響子，クレア・マリィ，訳. 東京：三元社.

三和出版株式会社，1995. フリーネ［M］. 東京：三和出版.

KULICK D, 2000. Gay and lesbian language［J］. Annual, review of anthropology（29）：243-285.

MIYAZAKI A, 2004. Japanese junior high school girl' and boys' first-person pronoun use and their social world［M］//OKAMOTO S, SHIBAMOTO SMITH J S. Japanese language, gender, and ideology: cultural models and real people. New York: Oxford University

Press: 256-273.

SAUNTSON H, KYRATZIS S, 2007. Language, sexualities and desires: cross-cultural perspectives [M]. New York: Palgrave Macmillan.

礼貌与性别
——隐性霸权

宇佐美真由美

1 "女性用语"是弱者的语言吗——语言与性别的关系

所谓"**女性用语**"的问题被视作"语言学的问题"，始于1973年罗宾·莱考夫（Robin Lakoff）的论文——《语言与女性的地位》（*Language and Woman's Place*）（Lakoff, 1973）。莱考夫在论文中提及英语中的女性用语问题。在英语等语言中，因为没有女性专用的"语言形式"，女性用语指的是"与性相结合的语言使用的倾向"。莱考夫讨论了英语表达中指代女性的词语是如何无视女性和蔑视女性的问题，同时她在对英语中女性用语特征进行各种观察的基础上，挑衅地总结称"女性礼貌、献媚、感性，随意地使用词语，并进行毫无意义的对话"。此外，她将女性用语定位为在男性中心主义的美国社会中屈服于男性权威的"弱者语言"，主张有必要通过研究女性用语来对**性别歧视主义（sexism）**开刀。

就学问而言，莱考夫的主张还存在需要更加缜密探讨的问题，同时她的主张也备受批判。但是，其主张的核心直指"语言与**性别**"所内含问题的本质，而且对之后的女权主义研究做出了极大的贡献。同时，她也为之后的语言学习者提供了必须经常意识到的视角，即"究竟什么是女性用语的原形"这个问题，以及其核心中包含"**礼貌**"这一论点。

2　女性比男性礼貌吗——礼貌与性别的关系

随着20世纪70年代后半期语用论的发展，人们对"礼貌"的研究不仅仅局限于研究以敬语等为代表的**语言形式的礼貌程度**问题，实际上还从语言是如何被使用的等**语言使用**的观点分析探讨礼貌问题。本章特别聚焦"礼貌的语言表达"并展开论述，因为它和语言与性别的问题本质相关，而且在各语言中，"日语的女性用语"的特征与它密切相关。

在日本历史上，"教养书"等书也反复主张女性**应该**比男性更加礼貌，而且在日本语学（国语学）中，也有研究报告称实际上女性比男性更加礼貌。即便在英语国家，也有研究指出："女性使用敬语、委婉表达、提问形式等柔和表达的比率较高，典型的特征就是比起男性，女性的说话方式更礼貌。"在其他国家的相关报告中，总体而言都认为"女性比男性更有礼貌"。然而，我们不能对这些报告不假思索地囫囵吞枣，我们有必要思考"为何女性比男性更加礼貌"或者"为何女性比男性礼貌的结论会被反复提出呢"。

本质主义的观点是，"因为是女人，所以使用礼貌的说话方式"。但是果真如此吗？在有些国家里，礼貌的说话方式被视为具有男人气概，男性使用更加礼貌的表达方式，如巴布亚新几内亚和马达加斯加等。此外，如果我们这么思考又会怎样呢？女性是否**全都**使用礼貌的说话方式呢？或者，女性总是使用礼貌的说话方式吗？女上司与男部下的对话又如何呢？即便是日语，在各种方言中又是怎样的情况呢？如果我们进一步思考，那么就会发现对本质主义的疑问的回答是"否"。人们会根据不同的对象、场合和状况区分使用不同的语言，这是理所当然之事。因此，在日语之外的相关语言研究中，一个大致的倾向是，"女性比男性更加礼貌"这种刻板印象作为"现状"被反复提及，而且成为某方面的既定事实。但这是为什么呢？

3　礼貌是与性别意识形态共同习得的

在简要地提出结论前，我们先共同思考一下。如果你是一名女性，小时候与哥哥在一起或者与男性朋友在一起时你叫道"あー、腹減ったー（啊，肚子饿扁了）"，周围的大人却提醒说"女の子なんだから、おなかすいた、と言い

なさい（你是女孩子，所以要说'肚子饿了'）"。抑或你说了一句"早く来い
よ！（快点过来！）"，而被大人责骂"そんな乱暴な言い方はやめなさい（不要
再说这么粗鲁的话了）"。你有过这样的经历吗？同样，即便在被认为男女平
等观已深深渗透的现在，也仍存在许多类似的情况。虽然疑惑"为什么，哥哥
可以这么说，而我不可以呢"，但是因为从周围的提醒中感受到了压力，所以哪
怕心不甘情不愿也只好听从。这种情况应该现在都还有吧？即便反问周围"为
什么"，也只是被告知"女孩子就应该这么说话"。由此可知，即便是<u>自然而然</u>
说出的语言，人们也会被半强制性地遵照时代的"**常识**"或"**社会规范**"而被
迫同化。从这些例子中我们可以明白重要的一点：如同本质主义所主张的，
"女性并非<u>生来</u>就使用礼貌的说话方式"。

　　同样的事情当然也发生在男性身上。有研究报告指出，保育园的女孩和男
孩都说"お歌をうたいまーす（我要唱歌）""お人形の絵を描きました（我画
了玩偶的画）"；但是到了四五岁，男孩子就不再用"お歌（歌）""お人形（玩
偶）"等前加"お（o）"的说法了。从这个时候起，男孩子开始去掉"お人形（玩
偶）"的"お（o）"，会说"（女みたいに）<u>人形</u>の絵なんか描くもんか〔怎能（像
女人一样）画玩偶这种画呢〕"，而且也会<u>开始这么想</u>。发展心理学认为，这是
受到玩伴里比他们大几岁的哥哥的影响。玩伴中的哥哥是尊敬对象的范本，同
时他们也是"社会权威的代理"。因此，"男孩子不画玩偶的画"这种"**性别意**
识形态"与加"お（o）"的"お人形（玩偶）"这种"<u>不使用礼貌的说话方式</u>"一
起，通过伙伴被传达到男孩子的心里。从中我们可知，男孩子早在四五岁就开
始习得适合男性的"**强有力的语言表达**"。但是，被直接或间接教导的女孩子，
即便心存疑惑，只因为不希望被父母和老师责骂，而不得不学习"お人形（玩
偶）""おなかすいた（肚子饿了）"等比男孩子更加"<u>礼貌的语言表达</u>"。不仅
如此，社会还期待女性除了语言外，行为举止也要礼貌谦恭。

　　这就是"**社会化**"的过程。所谓社会化，是指习得价值，强制社会化后的一
种力量。礼貌与性别意识形态都是后天半强制性习得的。

　　但是，"**生物学性成熟**"与"**社会性、后天性语言的习得**"是同时进行的。
这让两者的界线变得暧昧，容易让人产生性别与礼貌的关系是与生物学性
别相关联的错觉。

4　性别意识形态将理想形象根植于男女两性

另一个重点是，这种性别意识形态在早期就作为男女不同的理想形象根植于人心，即男性与女性的理想范本内容一开始就是不同的。**男性的理想形象**被表述为"强有力、有决断力、理性"，而**女性的理想形象**是"温柔、内敛、礼貌"；男性的理想形象是"领导、指导者"等被刻画成站在他人之上的形象，而女性的理想形象则被认为是"在背后支持男性"的形象。

社会设置了"男人气概""女人味"的框架，不在框架内者（男同性恋、强悍的女性）被视为"超脱"规范者，会直接或间接地受到社会制裁，在这个问题上男女都是相同的。但是，我们不应忽视的一点是，在被视为超脱女人味的特性中，如果是男性则多为褒义评价的特性；如果是女性，那么"理性、爱讲理"就等同于"多事"，"有领导力"就等同于"强悍、不可爱"，并且女性会因此受到批判，会被矫正回"温柔、内敛、礼貌的女性"的框架（理想形象）之中。此外，社会通过将"贤内助"这个短语所表达的特性作为女性的美德，让众多女性主动"变得如此"。

巧妙地奉承女性是礼貌的。一方面，将女性定位为"懦弱的、缺乏决断力的"，甚至比男性低劣；另一方面，又将支撑"负责庇护弱者且积极向上的男性"这种形象的作用巧妙地强加给女性。"这家伙像个女人"是一种"侮辱男人"的表达，却如实表达了女性被定位为第二性别的现实（存在这种表达，实际上就是对女性的一种侮辱）。

5　以礼貌为核心的性别意识形态是隐性霸权

性别意识形态的力量并非仅局限于此。至少表面上在男女同权被广为认同的现在，人们已无法露骨地仅对女性说她不能使用"腹减った（肚子饿扁了）"这种礼貌程度低的表达，而要表明"腹减った（肚子饿扁了）"是低俗的说法，"おなかがすいた（肚子饿了）"是礼貌且高雅的说法，还要表明如果女性使用礼貌的语言表达则会受到表扬。慢慢地，无法赞同只有女孩才被提醒"腹减った（肚子饿扁了）"这种说法的女孩子，以及曾使用过"ぼく（boku）""おれ（ore）""早く、来いよ（快点来）"等所谓男性用语的高中女生都开始不用这种表达。这是因为她们发现只有这样，才会得到父母和老师的赞许，到了青春期才会受到男孩子的欢迎。逐渐地，众多女性连思考"为何只有女性被教育要使用礼貌的说法"这个问题的<u>本质</u>的机会都被剥夺了。不仅如此，女性甚至自己都会主动采取高雅、礼貌的言行举止。也就是说，社会将"女性本来就应该谈吐礼貌"这种本质主义的观点作为"常识"，同时通过奉承女性"女性谈吐礼貌是好事"，巧妙地让女性<u>主动</u>遵从这个常识。这就是"**霸权（基于同意的支配）**"。

如果"礼貌是好的"，那么为何男性不<u>像女性一样</u>"礼貌"呢？说"女性礼貌是好事"来奉承女性，直接或间接地将这个强加给<u>所有</u>女性；但男性在轻松随意的场合却不像女性那样使用礼貌的说话方式，这又是为何呢？本质主义者们可能会回答"男人就是这样的"。但是，真正的答案是这样吗？在轻松随意的场合使用的男性用语都是以词典或书面语中的"基本形"为基础的，是一种容易直率表达自己感情或意见的形式。"腹减った（肚子饿扁了）"确实不能说是礼貌的，但是这种形式能够更容易<u>直接</u>表达说话人当时的心情，并且长期以来，这是只有男性才拥有的特权，女性是<u>不被允许</u>使用的。

6　揭露日语女性用语的真相

我们来具体分析一下日语女性用语的表达形式吧。例如，下面4个例句来自小说等书中的人物对话。如果有人问这些句子是男性说的还是女性说的，我们该怎么回答呢？

> 「今、急いでいる<u>んだ</u>。」（我现在很急。）
> 「今は、やめて<u>おこう</u>。」（现在还是放弃吧。）
> 「ビール、<u>飲むか</u>。」（啤酒，喝吗？）
> 「早く<u>来いよ</u>。」（快点来吧。）

也许很多人会回答这些都是"男性的发言"吧。迄今为止"**语言使用的原则（规范）**"认为，下画线部分的语言形式是"女性不能使用的形式"。那么，如果把这些句子改成富有"女人味"的形式，我们该怎么做呢？希望各位读者思考一下这个问题。

也许，会变成以下这种形式吧。

①「今、急いでいるの。」（我现在很急哦。）
②「今は、やめておきましょう。」（现在还是放弃吧。）
③「ビール、飲みますか。」（啤酒，喝吗？）
④「早く来てよ。」（快点来哦。）

笔者会在后面论述"现代女性"实际上使用怎样的说话方式。在这里，笔者先总结如果日本语学式地分析这些表达将会得到怎样结果的问题。结论是：在男性用语方面，男性即便要用口语也能原封不动地使用"词典形"，在书面语里则使用"日语的基本形"；而在女性用语方面，女性无法直接使用基本形，必须额外加上下述"操作"。

女性不能使用①这种**断定型发话**，必须删除断定助动词"だ（da）"。在②这种"主张型发话"中，男性可以直接使用"表示意志的助动词"（～う），而女性必须使用"礼貌的形式"（～ましょう）以提升礼貌程度。③是疑问助动词"か（ka）"的问题。假如换一个角度看，那么提问也可以是"向听者要求答案"的强迫行为。在这种**解答要求型发话**的场合，女性不能原封不动地使用**词典形**，例如"飲む？（喝吗？）"，而要用"飲みますか（喝吗？）"这种将语言形式的礼貌程度提升后的形式。如"来い（来）"所示，④这种**行为要求型发话**中的"命令形"是日语简体形之一，但是女性不能直接使用，必须将其改成"依赖形"的"来て（来）"以弱化命令的语气。也就是说，从①到④，女性都被迫对男性使用的"基本的日语"施加"改成礼貌的操作"。

男性可以根据对象、场合、心理等自由选择礼貌程度不同的日语，而女性却被禁止使用礼貌程度低的语言形式，语言使用的选择范围受到限制。在日语中，一般被称作女性用语的语言形式，实际上并非"与男性用语不同的其他体系的语言"，而是"从'基本的日语'中去除命令形和表示断定的助动词，以及去除礼貌程度低的词语之后的一个整体"。也就是说，日语中的"女性用语"，是"女性应该礼貌"这种性别意识形态作为语言使用的规则被明确具象化之后的产物。这就是所谓的女性用语的真相。

7 "女性用语"是维系隐性霸权的利器

"日语中有女性用语"是一种在历史上被建构、维持的语言意识形态。"女性应该谈吐礼貌"这种性别意识形态作为"语言使用的规则"被具象化。理想的女性形象是依据**以男性为中心思想**建构的性别意识形态；与此相同，女性用语也是性别意识形态的产物。这种性别意识形态赋予女性的语言表达以**语用论制约**，一方面遏制女性使用断定且强有力的语言表达，另一方面通过蛊惑女性天生优雅礼貌而不让女性察觉其背后隐藏着的"制约"。通过潜移默化的影响，让女性自觉主动遵守这种制约而巧妙地维持既有的性别系统，这就是"隐性霸权"。

"礼貌与性别"问题的核心是，实际上并非女性在现实生活中如何谈吐礼貌、是否比男性更加礼貌这种现实问题，而是形成**"女性用语这个整体"**的各语言事象的特征如何反映男性中心的价值观，且这种价值观如何被直接或间接地强加给女性这个事实。关于礼貌与性别，迄今为止基于**女权主义者视角**的研究都以欧美为中心被推进。因为牵涉各种原因，所以很难学术性地、严密地探讨礼貌与性别的关系和意义。但是，礼貌的男女差异并非仅仅表现在语言的使用倾向上，"日语的女性用语"是唯独禁止女性使用语言基本形中的特定语言形式被规则化、被语用论式固化后的产物。没有比"日语的女性用语"更明确、具象化性别意识形态的语言表达了。换言之，"女性是支撑男性的第二种性别"这种性别意识形态被巧妙地替换成"女性天生比男性礼貌"的本质主义礼貌的问题，这个明确、具象化为语言形式的"女性用语"被当作"隐性霸权"的利器。

比起40多年前莱考夫提及的英语的女性用语，可以说日语的女性用语的相似特征更加固定化为明确的语言形式使用规则。英语的女性用语因为是使用倾向的问题，所以我们很难证实女性用语是基于近现代价值观的性别意识形态具象化后的产物。但是，日语的女性用语，因为语言使用的原则明确反映了强加给女性的制约，所以容易客观地展示这种制约的不恰当性。此外，对于我们之前以各种观点提出的"女性比男性礼貌吗"的问题，至少从"（日本女性必须使用）日语女性用语的语用论规则方面"看，我们可以回答"是这样的"。然而，我们有必要附加说明这并非日本女性的本质性语言表达的特征，而是通过**权力**

与支配的原理强加给女性的"不合理限制带来之物"。这种对女性的制约，通过以礼貌为核心之一的理想女性形象和美化女性用语的性别意识形态一直坚持到今天，成为隐性霸权的利器。这一点，我们需要更加自觉地意识到，并向世界控诉。日语的女性用语含有可以给基于女权主义观点的性别研究以启发的重要问题，我们有必要将其作为解决性别研究中亟待解决的问题的突破口。

8　现代年轻女性正逐步找回"基本的日语"

我们有时会听到"最近，年轻女性的语言表达很混乱""最近，高中女生使用男性用语，真令人叹息"等声音，但是现代年轻女性使用只有男性才有特权使用的"男性用语"（实际上是基本的日语），从某种意义上说其实是再正常不过的事。她们接受了男女平等教育，下意识地觉得只有女性使用"更加礼貌，回避断定"的说话方式的规则没有任何必然性和正当性。如果思考语言本身的功能，那么不管男女，在向亲密的对方直截了当地传达自己的心情时，作为适合这种对象和场合的语言而选择"直接的形式"并非不可思议。**语言的中性化、男女共用化**的潮流是当今女性正逐步找回被剥夺的"基本的日语"的体现。它无法全归因于基于性别意识形态的语用论制约，这种强加给女性用语的性别意识形态是没有任何必然性和正当性的。如同街头巷尾所议论的，高中女生并非使用男性用语，她们只是在找回"基本的日语"。

"女性用语""男性用语"两者之间的差异，实际上可以概括成是适合"正式的场合，或需要柔和表达的状况"，还是适合"随意的场合，有必要直截了当地表达感情、主张的状况"的差异。如果这么思考，那么女性也好男性也罢，都有必要根据状况使用两种用语。与其责备最近高中女生使用男性用语，不如教育她们无论男女，随意的语言、礼貌程度低的语言可以在伙伴之间使用，但是有外人在场时或在正式的场合则不应该使用，要"根据对象或场合区分使用"语言。

把使用男学生的语言作为女学生抵抗社会规范的一种方式，这种行为早在明治时代就有了。但是，社会不予接受这一现象。此后，随着社会环境的划时代变化，有关男女理想状态的价值观也发生了巨大的变化。与此同时，语言也有必要变化。我们期待，现代女性强有力的生存方式和她们的语言成为改变有关性别的既有社会价值观的新动力。

9 二元对立式看待性别的问题点

现在还遗留两大问题：其一是，现在仍旧试图把性别与生物学性别相关联的问题；其二是，包括礼貌在内，拥有各种语言变异和形式的语言使用，试图与"二元对立式看待的性别"相关联进行解释的问题。性别原本是"一个基于<u>社会性别系统</u>的观点将人类分成男女的概念"，并非反过来的概念。就这层意思而言，礼貌本来也不应该是与性别这个框架相关联进行论述的特别命题。但是，如同日语的女性用语被具象化一样，迄今为止礼貌被巧妙地与"生物学性别"相关联，被作为"隐性霸权"的利器而加以利用。也许，我们应该渐渐脱离容易诱发这种情况的"二元对立式性别"观。只有当我们能真正脱离将人类分成男女两种性别的这种二元对立式性别观，以及当我们能不再区分男女用语，而用"共同的语言"交换意见、沟通思想时，"性别（gender）"这个概念才可以结束它的作用和使命吧。

参考文献

宇佐美まゆみ，1997．言語は社会を変えられる［M］．東京：明石書店．

宇佐美まゆみ，2001．21世紀の社会と日本語—ポライトネスのゆくえを中心に—（特集「21世紀の日本語」）［J］．月刊言語，30（1）：20-28．

宇佐美まゆみ，2002a．言語とジェンダー研究［J］．月刊言語，31（6）：170-175．

宇佐美まゆみ，2002b．連載　ポライトネス理論の展開（1—12）［J］．月刊言語，31（1-5，7-13）．

宇佐美まゆみ，2006．ジェンダーとポライトネス—女性は男性よりポライトなのか？—［M］//日本語ジェンダー学会．日本語とジェンダー．東京：ひつじ書房：21-37．

鈴木睦，1993．女性語の本質—丁寧さ、発話行為の視点から—［J］．日本語学，12（6）：148-155．

中村桃子，2007．「女ことば」はつくられる［M］．東京：ひつじ書房．

林礼子，2005．ジェンダーシステム—ジェンダーイデオロギーの言語化プロセス—

［M］//井出祥子，平賀正子．異文化とコミュニケーション．東京：ひつじ書房：
　84-103．

メイナード・K．泉子，1993．アメリカ英語［J］．日本語学，12（6）：13-19．

れいのるず＝秋葉かつえ，永原浩行，2004．ジェンダーの言語学［M］．東京：明
　石書店．

LAKOFF R, 1973. Language and woman's place［J］. Language in society, 2（1）: 45-80.

USAMI M, 2002. Discourse politeness in Japanese conversation: some implications for a
　universal theory of politeness［M］. Tokyo: Hituzi Syobo.

专栏5

"少女"的诞生与"少女文化"的语言
久米依子（目白大学教师）

　　现在，我们将"少年""少女"作为成对的词语来理解和使用。但是，如同"青年"这个词语有时作为包含女性在内的年轻人的总称来使用，在明治时代前期，"少年"这个词也被作为指代包括女性在内的全体年少者来使用。例如，最初面向年少者的杂志《少年园》（1888—1895）的封面上刊登着两个少男少女一起看书的图片，杂志中也刊登着各种有关女子教育的报道。此外，一些以接受中等教育的男、女性为读者对象的杂志，也选择了"少年"这个词作为杂志名的一部分。"少女"从"少年"中被分割出来发生在明治二十年代末（1892—1896）。明治时代发行量最大的杂志《少年世界》（博文馆）创刊于明治二十八年（1895），同年9月创设了"少女栏"，这成为媒体传播"少女"一词的契机。其背景是从明治十年代（1877—1886）开始的开明时代，转向通过富国强兵政策和法律的制约来强化性别秩序的明治社会。与因出人头地而受到赞许肯定的男子不同，社会要求女子成为贤妻良母，女子教育也依据这个方针被制度化。因此，"少女"这个词语，与其说是尊重女子，不如说是为了即便是年少者也能够明示男女的界线，为了区别对待被赋予有别于"少年"的其他规范的"少女"而被设立的。其证据是，在杂志《少年世界》中，面向少年刊登的是鼓吹出人头地的战争、冒险、勤学的故事，而在"少女栏"则反复刊登在家中遵守父母的训诫、勤于内务的报道和故事，强调少女在家庭中的存在感。

　　此后，日本政府颁布了《高等女校校令》（1899），随着女学生人数的增加，明治三十年代后期（1902—1906），前加"少女"二字且专门面向女性贩卖的杂志不断被创办，"少女"这个词语被完全一般化。因为时代风潮的变化，少女杂志缓和了对读者的训诫，开始刊登华丽的插图和感性

专栏5

的诗歌等。大正、昭和时期（1912—1989），少女杂志成了少女文化繁荣开花的土壤。但是，我们不能忽视的是，这种杂志是家父长制下少女唯一被允许的一个梦想，因为她们既没有独立的希望，又不被允许自由恋爱。

在女学生人数增加的过程中，她们的服装和语言表达作为新风俗也开始被一般杂志和新闻报道揶揄和关注。在夏目漱石的《从此以后》（1909）中，主人公代助的侄女也是财主家的千金一边说着"何か云ふと、好くってよ、知らないわと答へる（我要是说什么，对方就回答好了好了，我不知道）"这一女学生用语一边出场。但是，这种被俗称为"てよだわ言葉（teyodawa用语）"的女学生用语，实际上在少女杂志和面向女学生的杂志中用得并不多。对读者而言，当时的杂志只不过是一个规范，拥有狐媚印象的女学生用语被忌讳并被回避使用。

被少女杂志的报道和投稿栏所喜爱的是写给朋友的美文信件，以及描写自己怀才不遇和孤独的日记风格的文章。"お姉様！色も床しい白荻咲いて、いつの間にやらうら淋しい秋風の吹き初むる頃となりました。……ただ小さな星のみが美しうまたゝいて居ます。こんな淋しい宵はきっと、この鏡に向つて、お姉さま恋しと泣くのでございます。……アレ又虫が降る様に啼いてます。りーんりーんと……（姐姐，素淡雅致的白花胡枝子含苞吐蕊了，不知不觉间就到了'枫叶荻花秋瑟瑟'的时节。……只有点点繁星在夜空中闪烁着微光。在这寂寥的秋夜，对镜凝眸，思绪流转，念及姐姐，不禁泪湿衣裳。……秋壁暗虫通夕响，切切虫吟声不断……）"（杂志《少女之友》1915年的投稿文章）。

这种痛苦的哀诉和感叹，有时也被蔑视为多愁善感的少女情趣。但是，难以选择自身的生活方式，也不被允许有自我主张的日本少女，试图将自己惴惴不安的想法寄托在淡淡的、虚幻的、流逝的语言中。少女文化的这种独特表达，在1945年后也被部分保留在少女漫画中。不久之后，奔放活跃的少女们的语言出现在以新井素子、冰室冴子的作品为代表的20世纪90年代的少女小说中，少女小说开拓了作为文化的少女用语的新局面。

IV

变革的"语言"

歧视表达与指南

——制造／改变歧视的语言

齐藤正美

1　何谓歧视表达

说到"歧视表达"，大家的脑海里会浮现出什么呢？可能许多人不会特别想到什么。以前"オールドミス（老姑娘、老处女）""石女（石女）"等歧视女性的词语和"女のくせに（身为女人，却……）""女々しい（男）〔女里女气的（男人）〕"等性别歧视表达泛滥于世。但是，由于女权主义运动，现在多数歧视表达已经被替换成新的词语，歧视语和歧视表达难以看到了。

但是，这绝不是说性别歧视表达已经消失殆尽。相信大家对某日本男性政治家的"女性は生む機械①（女性是生育机器）"这个说法仍记忆犹新。"集团

---

① 此话出自日本原厚生劳动相（相当于卫生部部长）柳泽伯夫之口。2007年1月27日，柳泽伯夫在岛根县松江市举行的自民党集会上提及少子化和年金的问题时说："人口統計学では、女性は15～50歳が出産する年齢で、その数を勘定すると大体わかる。ほかからは生まれようがない。産む機械、装置の数は決まっているから、あとは一人頭で頑張ってもらうしかない。（从人口统计学来看，15—50岁是生育年龄，我们如果统计一下育龄女性数量就大致有数了。我们不可能从其他地方生出孩子来。如同生产的机器、设备的数量已定，所以唯有要求她们个个努力生产了。）"柳泽伯夫的此番言论一出，立刻掀起了轩然大波，遭到了日本朝野的强烈批评，时任首相安倍晋三也因此陷入困境，内阁支持率也下降了。（译者注）

レイプする人はまだ元気があるからいい①（会集体强奸，说明他还很精神，蛮好）""子どもを生まない女性を税金でみるのは変②（用税收赡养不生孩子的女性太奇怪了）"等歧视言论，如今依旧被"口炮"③政治家们不时提起。此外，所谓歧视语，是指不管语境如何，其历史背景里含有歧视性的词语。而歧视表达，是指即便不包含歧视语也能从语境上产生歧视意义的表达。"用税收赡养不生孩子的女性太奇怪了"，这种政治家的发言成为歧视表达，是因为这种发言以未生育的女性不应获得社会保障这种想法为前提；反过来说，这句话表达了"既然生为女人就应该生儿育女"的想法。

女权主义者发现，性别歧视表达在社会关系中表现为区别"女性""男性"，并将其序列化。就这层意义而言，性别歧视表达是**建构性别的语言**。因此，她们提议制定展示新表达体系的指南以改变这些性别表达。

歧视表达是否仅仅反映了社会？歧视表达是否微不足道，改变歧视的现状才是重要的问题？女性基于这些疑问发起的一些运动给语言学带来了怎样的新发现呢？本章，我们将一起来探讨。

2 "圣诞节蛋糕"

歧视表达与歧视的现状不同。我们经常能听到这种说法：语言只是单纯地反映现实，因此即便改变语言也无法改变歧视的现状。那么，是否歧视的语言与歧视的现状真的不同呢？我们从女性表达的变迁来思考这个问题。

---

① 此话出自日本总务厅原长官、众议员太田诚一之口。2003年6月26日，太田诚一在鹿儿岛市举行的研讨会上提及青少年犯罪的话题时说："プロポーズできる勇気のない人が多くなっている（没有勇气求婚的人多起来了）。"随后被记者追问："プロポーズできないから、集団レイプをする（のか）（因为不会求婚，所以才实施集体强奸吗）？"太田诚一回答称："集団レイプをする人はまだ元気があるからいい。まだ正常に近いんじゃないか。そんなこと言っちゃ、怒られるけど（会集体强奸，说明他还很精神，蛮好。这不是说明他还正常吗？虽然我这么说要惹众怒）。"太田诚一此言一出，遭到了日本朝野和有识之士的一致批判，本人也于次日为自己的失言公开致歉。（译者注）

② 此话出自日本原首相森喜朗之口。2003年6月26日，森喜朗在鹿儿岛市举行的研讨会上发言时称："子どもをたくさんつくった女性が将来、国がご苦労さまでしたと言って面倒を見るっちゅうのが本来の福祉。ところが、子どもも一人もつくらない女性が、好き勝手とはいっちゃいかんけど、まさに自由を謳歌し楽しんで、年とって税金で面倒みなさいちゅうのは、本当に可笑しい（国家对养育众多子女的女性说声'您辛苦了'并赡养照顾她们，这才是应有的福利。不生一儿半女虽说是女性的自由，但这种女性讴歌自由，享受人生，上了年纪后还让国家用税收让其安度晚年，这太可笑了）。"森喜朗此言一出，朝野哗然。（译者注）

③ 口炮用于形容管不住嘴、爱乱讲话的人。（译者注）

"二战"结束后很长一段时间里，日本女性被歧视表达和歧视语所包围。在公司工作的女性被称为"女の子（女孩子）"或被说成"職場の花（职场之花）"。年过25岁的女性被说成"クリスマスケーキ（圣诞节蛋糕）"，其心理就是，女性的商品价值如同过了12月25日就需要"抛售"的圣诞节蛋糕，过了"适婚期"的25岁以上女性已经丧失了价值。过了适婚期而未结婚的女人被称作"売れ残り（剩女）"。不结婚一直工作的女性被蔑称为"オールドミス（婚期を逃して独身でいる女性）〔老姑娘、老处女（错过婚期仍单身的女性）〕"。更过分的是，未婚女人被蔑视为意指"（异性恋）男性性欲的对象"的"便所（厕所）"。

"クリスマスケーキ（圣诞节蛋糕）""オールドミス（老姑娘、老处女）""売れ残り（剩女）"等表达，通过将（作为异性恋对象的）"女人年轻才有价值"的价值观当作"理所当然之事"来恫吓女性。而"職場の花（职场之花）""寿退社（因结婚而离职）""結婚は永久就職（结婚是铁饭碗）"这些表达，通过"捧杀"女性从而诱导女性去结婚。反复使用这些表达，形成了"女人只有年轻才有价值""婚姻才是女人的幸福之道（比起工作）"这种现在看来是那个年代特有的性别歧视意识形态，并且让女性一旦结婚就要辞去工作"回归家庭"成为一种"常识"。

人们通过将女人称为"売れ残り（剩女）""オールドミス（老姑娘、老处女）"，让不想成为"オールドミス（老姑娘、老处女）"的女性自己主动辞职。这些"词语"拥有让女性即便是被强制性剥夺工作的但仍主动辞职结婚的效果。企业还能将已婚女性作为低薪酬的临时工加以雇佣。对于经营者而言，女性可以补充人手；而对于政治家而言，通过让女性承担免费养儿育女或照顾老人的重任可以缩减社会保障支出。于两者而言都是皆大欢喜。这些词语在这个时代拥有让女性的生命之花枯萎的效果。

表达与特定的价值观相连，行使着将其他价值排除在外的强制性力量。各表达并非仅仅直接成为歧视行为，而是众多"歧视性表达"建构了让女性放弃工作的**性别意识形态**。性别歧视表达产生性别歧视性身份，也建构性别歧视的现状。性别歧视表达与性别歧视的现状密切相关。

3 "红色气焰"与"黄色声音"

那么,究竟是谁发现性别歧视表达与性别歧视的现状是密切相关的呢? 是始于20世纪70年代的日本女性运动。在20世纪70年代初期的日本,女权主义运动按照 Women's Lib(妇女解放运动,liberation是解放之意)的发音,被称作"ウーマンリブ(妇女解放运动)"。妇女解放运动认为,造成女性社会地位低下的原因不仅仅是女性的工资、待遇等,还存在于歌词,小说、电视节目中的台词等乍一看不认为是歧视的日常生活中。例如,只要她们有所行动,就会被媒体报道为"赤い気炎をあげた(点燃红色气焰)""黄色い声をあげた(发出黄色声音,形容幼稚)",被嘲讽为"もてないブスのひがみ(无人问津的丑女的嫉妒)",即一旦主张什么就会被用歧视表达回击,被责备为"女のくせに(身为女人,却……)",被威胁为"お嫁にいけなくなるよ(要嫁不出去的哦)"。通过这些经验,女性发现了日常生活中某些词语的杀伤力,她们开始重新审视歧视语。她们发现,之前的主流文化主要都是男性喜闻乐见的,所以试图通过自己创造取而代之的文化。

她们对歧视语采取了两大行动:第一,当然是通过自己积极使用当时作为蔑称的"女(女人)"这个词,试图打消"女(女人)"这个词所蕴含的否定性别意识形态;第二,她们提议使用符合自己身份的"女たち(女人们)"等新词,试图改变"女(女人)"的负面形象。这些行动通过"女(女人)"这个词语,从内部消解"女(女人)"带有的否定意识形态这一已经形成的社会常识。为了改变性别歧视的现状,她们试图对生产性别歧视身份的性别歧视语开刀。

4 "我(watashi)是做的人,我(boku)是吃的人"

此后,这个动向被女权主义运动和女性学所继承。"以国际妇女年为契机发起的女人之会"(以下简称"行动的女人之会")进一步发起了消除"性别歧视"的倡议。1975年,日本电视台播出了一则方便面广告,广告中的一对姐妹请男孩子吃方便面,广告中反复播出"わたし作る人・ぼく食べる人〔我(watashi)是做的人,我(boku)是吃的人〕"这句广告词。当时,在学校也出现了男孩子称"ぼく食べる人(我是吃的人)"而逃避值班分餐工作的现象。因此,"行动的女人之会"向方便面广告制作者和电视台提出抗议,认为其导致分餐值班的工作被强加给了女孩子。遭到抗议之后,该广告被撤回。

但是,"行动的女人之会"所提及的问题被媒体揶揄为"是一种歇斯底里"。当时,"女人是做饭的人,男人是吃饭的人"这种性别分工是社会的一种"常识",因此"行动的女人之会"的行为被批判为"过激""歇斯底里"。此外,媒体认为"行动的女人之会"将矛头指向"单纯的语言表达"而不是歧视性薪资或劳动合同,过于严苛。对于这种指责,该会毫不畏惧地控诉刊登这些揶揄女性内容的周刊杂志在毁坏女性的名誉。此事的审判结果是,女性的权利获得承认,揶揄女性的周刊杂志上刊登了女性的反驳意见。女性通过斗争,让社会承认性别歧视表达建构了性别歧视现状的事实。

可以说,"行动的女人之会"向社会质疑媒体所引发的性别歧视表达的弊害,并让社会认识到这一点。最初,她们通过抗议广告向社会建构了社会性别分工意识,最终让有问题的广告撤回。然后,让诽谤女性、进行这些活动的团体、杂志社承认自己进行了毫无理由的歧视,通过斗争获得了"反驳的权利"。最终,她们让社会承认媒体的性别歧视表达建构了性别歧视这一事实。

此后,媒体的语言表达悄无声息地形成了"性别角色分工",避免产生性别歧视,民众的这种问题意识逐渐高涨。媒体的语言表达逐步建构我们的"现实"。基于这个认知,**媒体素养**提升活动开始增多。这基于以下这种想法:市民不应对媒体表达囫囵吞枣、不加消化,而应主动地、能动地去读解,积极地对接并灵活运用媒体。

如今,女性即便不结婚一直工作也不会被称为"オールドミス(老姑娘、老处女)"从而受到侮辱,我们不应忘记这得益于一直以来的女性运动。虽然被责难这是不合常识的,但女性运动一直在抗议并让大众承认性别歧视表达建构了性别歧视。

5 媒体或词典关于性别的"话语"

20世纪70年代之后的女权主义运动进一步关注了性别歧视表达和性别歧视的现状。女权主义运动关注了媒体、词典、教材等通过将性别歧视作为社会的"常识"进行表述而展示的作用,即**关于性别的话语**制度。

在报纸或电视的新闻报道中，不为男女察觉的非对称表达众多，女权主义运动将这视为问题之一。例如，在报纸上刊登的死亡信息报道中，死去的人、丧主、葬礼委员长等，如果是女性则用"さん（女士，小姐，先生）"，如果是男性则用"氏（氏）"，不同的性别使用不同的敬称。通过不断循环，建构男人为"主"、女人为"从"的序列化**性别意识形态**，这种性别意识形态支撑着性别歧视的现状。如同"調理師Ａさん方で妻のＢ子さんが……（厨师Ａ先生的妻子Ｂ子小姐……）"，匿名的人如果是男性用"Ａさん（Ａ先生）"，女性则用"Ｂ子さん（Ｂ子小姐）"，这种男性用"姓"、女性用"名"的男女非对称现象也不少见。此外，也存在诸如"女社長（女经理）""女流作家（女作家）"等女性的称呼前加"女（女）""女流（女流）"，"男性"为无标，"女性"为有标[①]的表达。在性暴力和性犯罪中，也存在"いたずら（调戏）""わいせつ（猥亵）""みだらな行為（淫亵的行为）"等将受害或受害女性轻描淡写的倾向。这些表达具有让人们难以对强加给女性的性暴力提出异议的作用。媒体能极大影响社会"常识"等的建构，因此语言表达会再生产并增强性别歧视。为了不产生性别歧视，女权主义运动开始关注相关语言表达。非必要不包含有关"性别"的信息、使用两性对称的表达、公正对待表达方法和表达顺序等**"表达指南"**被提出并编撰成书（上野千鹤子，思考媒体中的性别歧视之会，1996；田中和子，诸桥泰树，1996）。

不久，女权主义者们的提案"女傑、女丈夫、女だてらに、女の戦いなど女性を強調する表現はなるべく使わない、同一場面では男女の敬称をそろえるよう努める（尽量不使用女强人、女英雄、不像个女人样、女人的战斗等强调女性的表达，在同一场合努力统一男女的敬称）"作为有关"性别歧视"的基准，被报社、广电等媒体、企业的《记者手册》或《节目基准手册》等采纳。这些指南，试图通过改变语言的使用基准动摇已成为"常识"的性别歧视等性别意识形态。

20世纪80年代，日本的思考语言与女性之会指出，制定社会"常识"的词典里也有很多含有性别歧视的解释和例子（思考语言与女性之会，1985）。这是因为词典往往是基于已知的社会"常识"来编写的。该会还提议，日文中只

---

① 有标（marked）和无标（unmarked）是来自布拉格学派的标记理论（markedness theory）的用语，在相对立的词语中，拥有一般特征的为无标，复杂不一般的为有标。（译者注）

有"壳春（卖春）"而没有"買春（买春）"，应用"買春（买春）""買春夫（买春夫）"来对应"壳春（卖春）""壳春婦（卖春妇、妓女）"。此外，应用与结婚制度无关的表示单身生活的新词"シングル（单身）"来替换"未婚（未婚）"。

"買春（买春）"这个词语，在20世纪70年代反对日本"赴韩买春团"的运动中首次被使用〔刚开始叫作"バイシュン（卖春）"，后来也叫作"カイシュン（买春）"〕。一直以来，有金钱回报的性行为被称作"壳春（卖春）"，出卖色相的女性被视作问题；而现在，"買う（买）"方的存在与责任也被可视化了。其后，质问对儿童的性榨取责任的运动也被推进，《儿童买春禁止法》被制定并颁布。如果最初"買春（买春）"这个词语没有被提出来，那么这项法律也就不会问世吧。

替换语是创造符合自己身份并体现性别的词语。如果一些词语体现了男性优位，那么就需要使用新的词语予以对抗。女性团体针对词典中含有"体现性别的语言"的现象提出的方案，旨在通过替换语提出新的视角，以规避社会的性别歧视意识形态。

6 表达指南

在过去很长一段时间里，只要一指出这是歧视表达，媒体就会反驳称，明明有"表达的自由"还抱怨这抱怨那的是怎么回事呢。事实上，对媒体的公开言论是否损坏他人名誉或是否含有侮辱性进行确认是正当的，这是不言自明的道理。但是在此之前，即便个人向媒体提出抗议，也会被反驳称这是对"表达自由"的侵害。

作家筒井康隆的封笔宣言事件是这种情况发生改变的契机。20世纪90年代中期，筒井康隆的短文《无人警察》被选入角川书店出版的高中国语教材，但遭到了日本癫痫协会的抗议，他们认为文中的一些表达助长了日本社会对癫痫的歧视。之前，媒体将"部落（部落）""人夫（小工）""つんぼ（聋子、聋人）"等受到抗议的特定歧视语作为禁语禁止使用。但是，仅仅禁止使用歧视语并不能消除歧视，只能说由于自主限制的高涨掩盖了歧视问题。筒井康隆批判了这种状况并发表封笔宣言，由此引爆了如何对待歧视表达问题的讨论。当时，女权主义提出的"表达指南"受到关注。与其说通过词语或句子单刀直入地表示歧视，近几年的歧视表达多为通过语境来表达歧视意思，单纯的禁语表已无法完全应对歧视现象也是不言自明的。通过提案以实现对抗，基于这种原理的表达指南给了人们再次思考歧视表达与"歧视本身"关联性的机会。因此，人们期待能够改变仅通过自主规制无法改变歧视问题这个深刻的现实。通过提案和提案规则回避歧视的表达指南，改变了既有"歧视语"（词语）与现实的"歧视"（实体）并不相同的观点，开拓了通向使用"歧视表达"就会成为歧视行动之路。

1999年《男女雇佣机会均等法》被修订时，关于职业名称，条例鼓励男女使用相同的表达，如"スチュワーデス（空姐）"改成"客室乗務員（客舱乘务员）"，"OL（办公室小姐）"改成"会社員（公司职员）"，"保母（保姆）""保父（保父）"改成"保育士（保育士）"，等等。为了确保招聘人才时男女机会均等，那些暗含排除某一方性别的职业名称被视为是不合适的，需要改成相同的职业名称。政府也开创性地创造了"体现性别的词语"，出台了改变性别歧视意识形态的政策。我们希望各位读者了解，现在我们接触到的报纸或电视的报道是回避基于女权主义运动所提及的性别歧视的指南，并且对相关表达有所顾虑后的结果。

但是，表达指南也还留有研究课题。即便用人单位用相同的职业名称来招聘人才，有时也会出现贴有明示性别的照片的情况。即便有指南，如果社会或组织的性别歧视观点很强，那么指南也发挥不了作用。我们仍需要守护各种场合的语言运用。此外，语言的歧视，并非仅仅是性别歧视。多数指南都将性别歧视或性别分工视为问题，但对异性恋制度、人种、民族、阶层等性别之外的社会因素考虑不够。阶层、民族、异性恋、同性恋、性别障碍者、双性人，人类以各种身份多样地生活着，但是如今将这些简单地一分为二的倾向很强。指南迫切需要应对复杂多样的歧视。

7 语言制造并改变性别歧视

国语学者寿岳章子（1979）列举了女性使用语言改变歧视的事例，她向世人展示了语言改变社会的力量。例如，在京都丹波的农村，"オナゴは黙っとれ（女人给我闭嘴）""でしゃばるな（别多管闲事）"的风潮强劲，农妇们的发

言不被认可。但是，当时只会躲在厕所里默默饮泣的妻子们因生活改善团体而聚集在一起，开始解决日常生活中出现的问题。她们提议将耕种机械引进农田，将自来水接入家中。经过一番艰辛的努力，她们的要求最终得以实现。每每遭到激烈的反对，成为转换力量的是语言。在认为女性的发言没有价值、蔑视女性的农村，女性不应在"どうせ女はそんなもの（反正女人就是这样）""しょせん女はダメ（终究女人是不行的）"等言论中改变自身地位，而是应该想到，"如果自己不改变，别人也不会改变"，并积极主动地在家里或村里发表自己的言论。

被迫封口不言的女性发挥主体性，改变自身。女人说出口的话语会向村里人传达新的视角。由此，在村里产生新视角的同时，也会动摇女性不会采取主体行动的性别意识形态。使用语言，改变性别意识形态，以及变革地区的过程同时进行。语言引发的歧视与实际的歧视绝非单独发生。要改变性别歧视的现状，需要通过女性"发出"被迫封口的"语言"这个行为。如果说"女人给我闭嘴"这种歧视性"常识"是通过歧视性"语言"来建构的，那么能改变歧视现状的也是被迫"沉默"的女性发出被禁止的语言这个行为。女性通过发出自己的语言改变身份。在动摇村里对女性的歧视观点的同时，也引进了新的观点，村子也会发生改变。改变区域社会的一步正是始于女性发出的语言。

20世纪70年代之后，女权主义运动通过商谈、抗议、裁判、提出指南等各种行动改变性别歧视表达，改变性别歧视文化。对别人强加的歧视性语言提出异议，提议改变它们的表达指南。女权主义之所以将词典或媒体的语言视为问题，是因为它们拥有建构社会"常识"的功能。将"オールドミス（老姑娘、老处女）"改成"シングル（单身、独身）"的变革，是通过不屈服于歧视的女性们动摇社会的性别意识形态来实现的。语言一方面具有建构社会的歧视功能，另一方面在改变歧视时也发挥着巨大的力量。表达指南就是试图通过表达来消解现实中的性别歧视。

女权主义运动发现，语言不仅具有增强性别歧视的作用，还可以改变性别歧视。女权主义运动开始重新审视"歧视表达不过仅仅反映社会而已""拘泥于表达是琐碎小事"等有关语言与社会的"常识"。女权主义运动的问题提起拥有以下意义：它迫使人们重新认识到语言与人类的歧视和压迫是两回事，我们不应该仅研究语言的体系和结构。

参考文献

上野千鶴子，メディアの中の性差別を考える会，1996．きっと変えられる性差別語―
　私たちのガイドライン―［M］．東京：三省堂.

行動する会議録集編集委員会，1999．行動する女たちが拓いた道―メキシコから
　ニューヨークへ―［M］．東京：未来社.

ことばと女を考える会，1985．国語辞典にみる女性差別［M］．東京：三一書房.

寿岳章子，1979．日本語と女［M］．東京：岩波書店.

田中和子，諸橋泰樹，1996．ジェンダーからみた新聞のうら・おもて―新聞女性学
　入門―［M］．東京：現代書館.

中村桃子，1995．ことばとフェミニズム［M］．東京：勁草書房.

中村桃子，2007．〈性〉と日本語―ことばがつくる女と男―［M］．東京：日本放
　送出版協会.

湯浅俊彦，武田春子，1997．多文化社会と表現の自由―すすむガイドライン作り―［M］．
　東京：明石書店.

"性骚扰"

——把对女性的暴力可视化的语言

丹羽雅代

1　语言拥有改变认知的力量

各位读者知道"买春"这个词语吧？这是20世纪70年代由女性创造的词语，指的是支付费用接受性服务的行为。明明已有"卖春"这个词，为何还要特意再创造一个这样的词语呢？理由非常简单，因为这个词语里隐藏着阐明行为责任人是谁、问题出在哪里这个目的。20世纪60年代中后期，日本放开了对韩国的自由旅行，游客大部分是抱有慰劳目的的男性。对此，韩国女性开始发起了猛烈的抗议行动。她们抗议称："日本以前在殖民统治下用枪炮对朝鲜半岛的人民进行蹂躏，现在用钞票对人权进行践踏。"日本女性呼应韩国女性的抗议行为，她们创造了"买春"这个词用以质问买方的责任。如果没有这个词语，也许人们还是会仅将目光投向卖方或者是被卖的一方，而几乎不会将买方的存在视为问题。

如此，为了将问题可视化而创造单词的情况不少，**"性骚扰"**就是其中之一。如今，不可能还有人说自己不知道"性骚扰"这个词吧。但是，这个词被创造的背景、词语所带来的变化，以及在备受期待的同时所经历的过程还鲜为人知。希望各位读者务必了解，由于这个词语的出现，人们看待问题的视角发生了怎样的逆转。

2 夫妻组合是范例式的男女平等吗

对关心性别歧视的人而言，1985年是个特殊的年份。这一年，《消除对妇女一切形式歧视公约》在日本正式批准生效。5年前（1980年），日本政府原本计划派一名女性大使去丹麦参加签约仪式，但在临出发时突然变卦，要"推迟签约"！但是，由于受到女性的强烈反对，日本政府改变了决定，最终参加了签约仪式，并宣称日本政府在之后5年将一直致力于努力废除歧视。

日本必须改变的有3点，分别是孩子的国籍随父亲的父系主义国籍法、只有女子才必修的家政课的高中课程体系（当时，男子多修读柔道、剑道等体育课），以及对性别歧视几乎无能为力的劳动法。前面两点，已经随着时代的变迁而得到改善。但是，关于第三点却在国会上引发了较大的纷争。人们严肃地指出，"职场是男人的战场"，男人就是要拼命工作，而女人要在25岁之前辞职，结婚，生儿育女，女人和男人的作用原本就不同，为什么要说这是性别歧视呢？这些观点被视为"常识"。但是，实际上参加工作的日本女性已经达到2000万人。女性们的运动持续了十几年，她们要求制定"自己所希望的男女平等法"，但是当时的政府官员几乎清一色为男性，她们的呼声没被倾听，最终政府只是出台了《男女雇佣机会均等法》。

这部法律禁止的是限定性别的人才招聘、男女不同的退休制度（之前男性的退休年龄为55岁，女性为30岁）等极少部分内容，大部分只是类似于"让我们一起努力吧"这种口号，与具有实效性的禁止歧视条例相距甚远，甚至说它相继采取的几个行动牢牢强化了"男は仕事·女は家事育児（男人工作，女人顾家）"这种性别角色分工也不为过。

例如，不同的**人事制度**。虽然无法用性别加以区分，但是企业有一般岗位和综合岗位两种雇佣岗位。"如果女人想要与男人'并驾齐驱'，同时也希望能有海外出差或工作的机会且不讨厌加班，那么请到综合岗位。如果女人讨厌工作调动，比起要承担重大责任的工作更喜欢一般性工作，那么请到一般岗位。"那么，假如有男人希望到一般岗位就职，该怎么办呢？这太不合常理了，一般来说，如果遇到这种情况，即便当事人不愿意，公司人事也要说服他到综合岗位就职。

再例如，《**劳动者派遣法**》的成立。日本原本不存在人才外派制度，原则上劳动者都是被直接雇佣的，劳务派遣被认为只有职业介绍所这种公共机构才可以做。虽说这仅限于专门职业种类，但是不自掏腰包、不费时费力自己培养职员，限期向外派公司索要熟练工的这种做法被合法化。随着法律制度的不断完善，外派的单位扩大到不需要熟练工和专业技术人员的制造行业，而且按业务需要连续 3 年的长期外派，以及更新、续签合同等流程与长期工几乎一致的外派形式也逐渐被社会认可。派遣行业朝着对雇佣方有利的方向发展。近年，人才外派行业被称为年轻"穷忙族（working poor）"①的元凶，因而政府在讨论是否要对法律进行修订。但是，实际上外派名目下的廉价劳动力被视为劳动力市场的有益补充，被外派的多为女性这一点却没怎么受到关注。

此外，还有"**第三号被保险者制度**"。为建构安全保障网，所有国民都加入某种年金、保险，从而相互支撑生存，这种制度始于 20 世纪 60 年代，但是人们对此恶评不断，认为这是对劳动者的一种增税。因此，第三号被保险者制度旨在豁免加入厚生年金或共济年金的被劳动者所抚养的没有收入的配偶者的保险费，让她们能够领取国民年金。日本的女性几乎都是专职主妇，但实际上她们当中有许多人在做临时工。如果年收入低于 130 万日元（约合 7.8 万元人民币），那么她们就会被视作被抚养者。不过，农业、渔业和自营业的夫妻因为都分别加入了国民年金，所以没有以上区别。从学校毕业后稍事工作，在社会上历练一段时间，在合适的年龄找到一个收入稳定的工薪阶层后辞职结婚，在婚后专心于家务和育儿，稍微能脱手了可适当工作，或者护理家里的老人，由此节约社会保障开支，这被视为女性最划算的人生道路。废除性别歧视本应该追求与男女两性无关的且以个人为单位生存的社会，然而它被完全歪曲了。与此同时，以婚姻关系为基础的日式福祉、税制、劳动法制度等也被不断强化。

3　"性骚扰"的冲击

在这种情况下，女性找到的词语是"性骚扰"。1986 年，一名某反性别歧视团体成员从美国带回了底特律"劳动者教育与调查项目"发行的小册子——《制

---

① "working poor"来自英语，原指那些整日劳碌奔波，却始终贫穷看不到希望的人，相当于汉语的"穷忙""穷忙族""在职穷人"。最近这个词在网络上、白领中流行开来，而且如今的"穷忙族"以白领居多，他们收入不菲，却陷入拼命赚钱满足各种消费欲望，消费过后又重返穷忙状态的怪圈。（译者注）

止性骚扰手册》。这个小册子由思考工作与性别歧视的三多摩之会（以下简称为三多摩之会）翻译，于1988年以《制止让人作呕行为的手册》为名在日本出版发行。即便在现在看来，这个小册子也是令人耳目一新的。

女性が仕事を探すとき、彼女のセクシュアリティは労働力を売るひとつの要素に組み込まれていた。"美しく活発、魅力的な、きちんとした外見"という言葉が求人広告にあふれ、容貌は受付係には重要だが事務員にはそうでもない。女性の仕事は、彼女たちが家庭でやっていることと重なり、境界が引きにくい。秘書がコーヒーを入れたり、使い走りをしたり、どこまでが仕事でどこまでが好意なのか。オフィスワークに従事している女性は働く女性の64%を超えており、それらの仕事は、女性がやっているということで値打ちが低いとされている。また16%の女性労働者は、従来は男職場とされていた工場労働などのブルーカラー職場にいるが、彼女たちはいつでもセクシュアル・ハラスメントの脅威にさらされている。ここにいるべきではないと女に思い知らせるためにという理屈つきで。

セクシュアル・ハラスメントは女に"身のほど"をわからせるもっとも手近なやり方で、離職率を高め、結果的に女性の低賃金の継続を保証し、労働者の間に亀裂対立を生み、労働組合などの組織化を難しくさせる。女性たちは取替えの効く一人に過ぎないと雇用者は理解している……

女性在求职时，她们的美貌是出卖劳动力的要素之一。"美丽活泼、充满魅力、外表端庄"，这种表达在招聘广告中随处可见，容貌对负责前台接待的人而言很重要，但对事务员并非如此。女性的工作与她们在家庭中做的事情部分重叠，很难清楚地划清界限。秘书倒咖啡、跑腿，分不清哪些是分内工作，哪些是热心帮忙。从事办公室工作的女性超过了职业女性的64%，因为这些工作是女性在做，所以被认为工作价值低。此外，16%的女性劳动者在原来被视为男性职场的工厂等"蓝领"职场工作，她们无时无刻不受到性骚扰的威胁。这是为了让女人意识到自己不应该在这里工作。

性骚扰是让女人们知道自己“分量”的捷径，它提高离职率，最终保证女性低薪酬状态的持续，在劳动者之间产生龟裂、对立，让劳动组合等机构的组织化举步维艰。雇佣者们明白女性不过是可有可无可随时取代的个体而已……

小册子对性骚扰进行了定义，并描述了美国女性从20世纪70年代后半期开始是如何为此战斗的。小册子中首先介绍了相关调查。相关调查结果显示：“骚扰并非只发生在汽车工厂或煤矿这种以男性为中心的稍稍粗野的职场。它发生在包括领取高薪的白领、大学研究者在内的所有场所。”“加害者无法限定阶层、职业、地区，以及其他一切。无论哪里都存在众多加害者。”“性骚扰受害者并非什么大不了的问题，这么想就大错特错了。”“被骚扰的女性经常会失去工作，被剥夺尊严，长期受到影响和极大的伤害。”“身处管理职位的女性也一样，调查报告的结果没有任何不同，甚至情况更糟糕。有时这些女性甚至因此丧失工作。”“工会也靠不住。他们经常保护加害者。”“黑人女性、少数民族女性、性少数者、残障女性被迫陷入更加窘迫的处境。她们遭受男人好奇的眼光似乎是理所当然的。”“性骚扰并非无害的，我们必须坚决予以制止。”其次，小册子对制止性骚扰的策略进行了说明，并给女性加油打气。小册子指出男人并非都是加害者，他们之中肯定也有站在女性一边的人。

随后，小册子介绍了各种事例：“对炫耀用裸照来装饰墙壁的同事，通过对他说如果被贴的是你女朋友的照片那倒是可以的，让他不再进行语言骚扰。事后，别的男同事表示他们也对该同事的言行感到不快。”“‘领导们，请不要触碰我的身体!!——HANDS OFF! PERSONAL PROPERTY’的口号刊登到报纸后第二天，众多女性就把这个口号贴到身上去上班了。”

女性们的声音撼动了社会，引发了审判，也推动了法律的修订。

当然，美国女性的斗争并非一帆风顺，小册子还提及了仍存在众多因受到创伤而痛苦不堪的女性。但是，把那些在职场女性身上理所当然会发生之事命名为“性骚扰”，这说明社会已公认问题的责任不在受害方而在加害方，这个事实还是非常震撼人心的。

4 这就是我们的事

通过获得语言而看清事实真相，我们确信"性骚扰"这个词正是具有魔力的关键词。小册子被翻译成日语后，瞬间传遍了企业和政府部门的工会女性部、小型女性团体、媒体等日本各个角落。各行各业都传来了切切实实的反馈。女性记者们的力量也非常大，她们理解正确的事实，并将其视为自身的问题而采取强有力的行动。

随后，三多摩之会展开了面向1万名职业女性的问卷调查。社会学的调查专家认为，人数不是什么大问题，调查对象的母集团是否有偏差才是重要的，但是这个问卷调查不同。这是职业女性直视在自己的地盘发生或经历的事情，并非因为自己的应对、着装、语言等行为不妥而引起他人不快，而是要明确社会怎么看待女性这个问题。因此，在2000万名职业女性中抽取1万名女性做调查，数量并不多，当然这与费用问题也有关系。实际上，有7000名女性寄回了问卷调查表。在尚未普及网络的时代，她们响应主办方，一一回答问卷调查表上的100个问题，并且写下让自己最为不快的经历，给信封贴上邮票，每份问卷需要另外支付300日元（约合18元人民币）的费用。她们将问卷调查表和现金放入信封一起寄回。日本全国各地共有7000名女性提交了问卷调查，主办方在拆阅问卷时感慨不已。随后，若干女性组成志愿者队伍负责进行数据统计。

当时的男性周刊杂志充斥着含有恶意的歪曲报道。例如，"性骚扰是丑女的嫉妒""讨厌性骚扰那就不要穿裙子""越是不会工作的家伙越喜欢这样说"。但是，女性们却很好地理解、共享了其本质。问卷调查的结果被汇总后出版问世了（三多摩之会，1991）。

调查结果显示，以某种形式遭遇过至少一次性骚扰的人居然有70%以上。实际上，如调查结果所示，骚扰从女性早上离开家的那一刻开始就不断地向女性袭来。"早就想表达这种心情了"等各种反馈像洪水决堤一样滚滚而来。

此外，就遭受骚扰后的感受这个问题，接受调查的女性非常真实地写下了自己的感觉和微妙的心境。例如，"似乎自己也变得极其粗俗了，都自我嫌弃了""我不断丧失自尊心，开始紧张人际关系，觉得无地自容""作为一个女人真是悲惨""觉得自己就像被杀害了一般""如果不是工作相关的人，那么我可以踢翻椅子掉头就走，可是我只能忍耐，这让我感到自我厌恶""自己无力解决，感到心急如焚”“都讨厌活着了”“有一段时间我都神经衰弱了”“为什么？为什么我会遭遇这种事情？就是这种感觉”“不知道为什么”“非常懊恼和耻辱”。

半数以上的女性会跟周围的人倾诉。但是，给予反馈的人中有4成左右回应的是攻击性言辞。例如，“不要在意”“如果不能付诸一笑，那么就无法成为大人”“其实你也喜欢的吧”。

关于在受到骚扰时鼓起勇气说出“住手”后的效果，13%的受访女性表示男性会道歉，35%的受访女性表示男性会停止卑鄙龌龊的行为。但是，令人吃惊的是，回答男性会继续龌龊的行为，或者将错就错，行为越发过分或转向别的龌龊行为的受访女性也占相同的比例。虽然周围仍旧以“不要夸大其词地说什么性骚扰、性骚扰”“正因为女性被男性认可才会被调戏”等态度认为性骚扰并非什么大事，但是女性开始确信，“这是大事，问题不是我不好，而是在加害方，必须要改变的是社会的常识”。

5　判决

“我倒了大霉。这就是性骚扰。我想抗争，请支持我”“请介绍一个能干的律师给我”“太悲惨了，所有的一切都令人厌恶。但是，知道这个词后我又有了勇气。知道这并非自己不好，自己没错”……伴随着这些表达，众多女性开始将自己的倾诉转变成文字。下面，我们将介绍两起相关案件。

〈福岡事件：1989～1992年〉編集長とその部下の間でおきた事件。二人の仕事内容は学生むけのフリーペーパーの制作出版で、仕事熱心な部下の女性のほうが残業もいとわず長時間働くこともめずらしくなかったという。優秀な彼女は、顧客からの信頼も高くなっていった。はっきりものを言いバリバリ仕事をする彼女の存在が煙たくなってきた編集長は、彼女を追い出しにかかり、性的にふしだらな女性だといううわさを自分で立て、退職を強要するようになった。それに怒った彼女は、専務や社長に直訴し、彼の態度を改めさせるよう求めたが、会社は喧嘩両成敗だとして彼女を退職に追い込み、編集長には三日間の出社停止とわずかな減給処分とした。驚いた女性は、簡易裁判所に調停を申し立

てるが編集長は話し合いに応じず、逆に調停員の女性からは「性的な
うわさを立てられるうちが花」などといわれる始末。やむなく彼女は女
性の人権に強く関心を持つ女性弁護士たちとともに、民事裁判を起こす
こととなる。前述の一万人アンケートはこの裁判の始まりとともにスター
トし、アンケート結果をまとめた本は書証として裁判にも出され、裁判
官は女性たちの声に耳を傾け、三年近くの年月を経て全面的に原告女
性が勝訴するという輝かしい結果で終わった。これは性的接触や行為
ではなく、被害立証が難しいとされたことばによるハラスメントだった
が、裁判所は申し立てたほとんどの事実とその被害を認め、「たかがセ
クハラ」ではないと知らしめた結果となった。判決は、編集長だけでな
く会社側の労働環境配慮責任の欠落を認め、慰謝料を連帯して払うよ
うにと結論したのだった。(職場での性的いやがらせと闘う裁判を支援
する会, 1992)

　　【福冈事件, 1989—1992年】发生在主编与下属之间的事。两人
的工作内容是制作出版面向学生发放的免费报纸。工作热情的女员
工不排斥加班, 经常长时间工作。优秀的她也越发获得顾客的信赖。
直言快语、雷厉风行的她让主编发怵, 他开始排斥女员工, 编造谣言
称女员工是放荡不检点的女人, 强迫其辞职。愤怒不已的女员工直接
向专务和社长告状, 请求他们让主编改变态度, 但公司认为合则两利
斗则俱伤, 对女员工采取迫使其主动辞职的处理态度, 而对主编仅给
出了停职3天和稍稍减薪的处理意见。大吃一惊的女员工向简易法院
申请调解, 但主编并没有回应, 反而女调解员对这个女员工说"还能
被人编造性方面的谣言说明你还年轻"。没有办法, 她与强烈关注人
权的女律师们一起提起了民事诉讼。上述面向1万名女性的问卷调查
在这个审判期间开始实施, 问卷调查结果结集而成的出版物被作为证
据提交到法院, 法官倾听了女性们的心声, 历时3年左右的案子以原
告的全面胜利这个耀眼的结果告终。该案件并非涉及性接触和性行
为, 而是难以取证的由语言引起的骚扰, 但法院认可了原告申述的几
乎所有事实和伤害, 让人们知道这并非"充其量只是骚扰"。除了主
编, 判决还认定该公司未履行维护劳动环境的责任, 并让主编赔偿了

女员工精神损失费。（支援与职场的性骚扰战斗的审判之会，1992）

　〈秋田事件：1993〜1998年〉大学の教授とその下で働く非常勤助手の間で起きた事件。出張先のホテルで強制わいせつ被害を受けた女性が、退職するしかないと考え、転勤先をみつけるよう求めたにもかかわらず教授はそのままでよしとし、痛手を受けた女性は、やむをえず在職のまま裁判を起こした。第三者のいないところで起きた性暴力はひとりの証人もおらず、事件があったかなかったかの争いとなる。また顔見知りだったりよく知っている人だったりすることが多く、何らかの力関係が働いているなかで起きる。にもかかわらず、すさまじい暴力をともなっていなかったり、激しい抵抗がないという理由で、事件として取り上げられないことが多い。また被害者の周囲からも、「あなたの『恥』をさらすことになるのだから、なかったことにしたほうがよい」などのアドバイスを受けたり、被害者の落ち度を責められたりする。この裁判も一審はまったくそのとおりで、女性の側の敗訴となったばかりでなく、相手の名誉を毀損したとして慰謝料支払いが女性の側に求められた。裁判官の考える架空の被害者像（女性はそう簡単に被害にあったりしない。被害を受けそうなときは事前に察知して逃げようとしたり、大声を上げるなどして助けを求めたり、全力で抵抗しようとするものだ）を覆すこと、それが第二審の焦点となった。さまざまな行動——そのなかにはいのちの危険を感じて何もしないという選択をすることも含まれる——を現実の被害者は取る。この社会の一員である裁判官の内面にある**強かん神話**を打ち破ることは簡単ではなかったが、研究成果や海外からの情報、そして被害を受けた経験を持つ多くの女性たちが自分の行動を書き記した意見書を提出したことなどが効を奏し、裁判官の説得に成功したのだった。二審判決は言う、「強かんの脅迫を受けたとき、相手に対して有形力を行使して反撃したり、逃げようとしたり声を上げることで被害を防ごうとする直接的行動を取るものは被害者の一部であり、**身体的心理的麻痺状態に陥るものや、加害者をどうやって落ち着かせようと考えたり、会話を続けようと試みたり、説得しようとするなど、さまざまで、**

逃げたり声を上げるという身体的抵抗をするとは限らない。職場の上下
関係や同僚との友好関係を保とうとする抑圧が働くために身体的抵抗
を躊躇したり、別手段を取ろうとすることがある性的被害者の行動を、
一義的に経験則化することで被害者の行動や判断を嘘と決め付けるこ
とはできない」。このように一審は全面的に否定され、女性の側の逆転
勝訴が獲得された。(秋田セクシュアルハラスメント裁判Aさんを支える
会, 2000)

【秋田事件, 1993—1998年】发生在大学教授和他的兼职助手之
间的事。出差时在宾馆被教授强制猥亵的女助手在事发后觉得自己
只能辞职, 寻找下一个工作单位, 但教授未因这件事受到任何影响。
受到打击的女助手迫不得已尚未辞职就提起了诉讼。在没有第三者
在场的地方发生的性暴力找不到一个证人, 这成了事情是否真实存在
的争议点。性骚扰多发生在陌生人或熟人之间, 并在某种权力关系的
作用下。不仅如此, 性骚扰往往会以没有伴随着骇人的暴力、没有受
到激烈的反抗等为由而不被当作案件来对待。此外, 受害者身边的
人也会劝告受害者, "这等于把你的'羞辱'公之于世, 还是当作没有
发生比较好", 并责备受害者自己疏于防范。这起事件的一审也完全
相同, 女助手不仅败诉了, 还被要求支付教授名誉损失费。颠覆法官
想象的虚构的受害者形象(女性不会这么简单地受到伤害, 会事先察
觉即将受到伤害并试图逃离、大声呼救、全力抵抗)成为二审的焦点。
现实生活中的受害者们采取各种行动, 其中包括感受到生命的危险却
什么都不做的选择。打破作为社会一员的法官内心的"**强奸神话**"并
非易事, 研究成果、海外相关案件的信息, 以及受到过伤害的众多女
性提交的记录自己行动的意见书奏了效, 这些成功地说服了法官。二
审时, 法官说: "受到强奸的胁迫时, 只有部分受害者会采取反击、逃
跑、发出声音防止受害等直接行动, 大部分受害者会陷入身心麻痹的
状态, 只能思考如何让加害者冷静下来, 与对方对话周旋, 尝试说服
对方, 等等。受害女性的表现各不相同, 未必都会采取逃跑、发出声音
等身体性对抗。为了维持职场的上下关系和与同事之间的友好关系而
压抑自身, 从而对身体性对抗犹豫不决, 对于这些性侵受害者的行动,

我们无法依据自身经验对其一概而论，从而决定受害者的行动和判断是虚假的。"如此，一审判决被全面推翻，女助手获得了逆转胜诉。（支持秋田性骚扰案件中的小A之会，2000）。

福冈审判之后的10年间，日本全国的性骚扰案件有100多起。有个当事人称，自己受到伤害之后失去的东西有三样。其一是对自己的信赖。没想到自己会受到伤害，曾经认为无论发生什么都可以保护自己，却因为加害者的恶意而轻易被破坏了。其二是对社会的信赖。即便向社会控诉，也很难获得周围的信任，社会的反应往往是"那个人不可能会做这种事""我不相信你无法逃脱"。而且更让人心寒的是，连法院和警察都怀疑受害者。深信这个社会能够保护自己，但这个社会的框架对于人权侵害竟如此脆弱无力。其三是自己的未来。曾经相信自己会有美好的今天和明天，然而现在只能完全放弃自己将来的人生规划，不得不辞掉工作，还失去了家人，放弃了自己的研究。

另一个当事人控诉了上司的骚扰行为，要求公司应对处理。上司向她道了歉，并被调到了普通岗位，她自己则调到了分公司工作。曾经极其努力奋进的她完全丧失了工作热情。曾经以为谁都喜欢自己，自己工作努力，有条不紊，受到单位的认可，然而这都错了。自己有想法、观点，但公司和上司同样也有自己的考虑，他们有时会认可自己，有时则完全不会。公司并非总是要求员工要有一个会思考的大脑和坚强的意志。"公司怎样才能认真评价我们，需要我们自己观察。"她抱着随时辞职的思想准备，最大限度地利用现在职位之便，即便是对公司死心断念，也保证自己拥有足够的自立能力。她舍弃了被大家理解是理所当然的这种期待。"不理解我们的人是不具备理解能力之人。"公司对她的评价非常高，但劝诫她不能因此飘飘然。她也感受到公司的诚意与努力。当然，这并非意味着公司已经决定必须为了她而改变。接下来，要在这个国家生存的企业知道不能不改变自身，新的上司也意识到了这一点。但是，她的日子并没有轻松、快乐起来。"当我横下心来决定随时辞职时，我就释然了，即便周围的人对我虚与委蛇、不闻不问，我也没什么好烦恼的。我现在也没有结婚的想法，虽然有一个爱护、支持我的恋人，但是我们大概不会结婚吧。如今偶尔袭上心头的寂寞，跟以前完全不同。这种寂寞难以用他人的宠爱来排解，只能由自己填补内心的空洞。"

6 "性骚扰"会消失吗

如前所述，通过当事女性不断拼命努力，1998年，政府在《改正均等法》（以下简称《均等法》）中增加了禁止性骚扰的内容。《均等法》中明确规定，作为改善劳动者雇佣环境的一环，雇佣方也有义务要努力。此外，2006年，《均等法》进一步明确了雇佣方有义务采取可应对被害控诉的实效性措施。大学和就业单位都实施了针对性骚扰的预防培训，增设了谈话窗口，关于性骚扰事情发生后如何应对的规定也增加了许多。但是，这样做并非意味着性骚扰就不再发生了。性骚扰是对在职场、大学、宗教等对人的生活具有重大意义的场合，以这些场合的上下关系和权力关系为背景，受到非主观意愿的性方面言行的命名。在这种场合，权力关系当然存在，因此这并不是说指挥命令、指导等权力关系起作用就不正确，但是只要社会认为可以不正当地使用这些权力关系，抑或压根儿不认为这是一个问题，那么权力的不平衡问题就不会减少，反而在"自由"的名义下社会差距会不断扩大、加剧，甚至达到世界规模。就像家庭暴力（domestic violence）这个概念已广为人知一样，"结婚不能成为人生的**安全保障网**"这种认知也已广为传播。如今在日本，年收入超过700万日元（约合42万元人民币）的女性仅占女性整体的3%，70%的职业女性的收入低于300万日元（约合18万元人民币）（2007年度的统计）。这些数据也说明，每一个女性的尊严都能得到维护的社会离我们还很遥远。

但是，如今的女性已经可以对不论女性是否愿意都将其作为性对象的理所当然之行为和毫不顾忌之眼光说"不"。这种与性自立、性自我决定的认知相关的由性骚扰这个词带来的人权概念切切实实被下一代所继承，我相信这个社会绝不会再倒退了。

参考文献

秋田セクシュアルハラスメント裁判Aさんを支える会，2000. セクハラ神話はもういらない［M］. 東京：教育史料出版会.

小西聖子，2001. ドメスティック・バイオレンス［M］. 東京：白水社.

職場での性的いやがらせと闘う裁判を支援する会，1992. 職場の「常識」が変わる―福岡セクシュアル・ハラスメント裁判―［M］. 東京：インパクト出版会.

角田由紀子，2001．性差別と暴力―続・性の法律学―［M］．東京：有斐閣．

丹羽雅代，松倉ゆり，2001．大学のセクハラ対策―相談・カウンセリング編―［M］．
　　東京：地域科学研究会．

働くことと性差別を考える三多摩の会，1991．女6500人の証言―働く女の胸のうち―
　　［M］．東京：学陽書房．

若桑みどり，加藤秀一，皆川満寿美，2006.「ジェンダー」の危機を超える―徹底討論！
　　バックラッシュ―［M］．東京：青弓社．

我的名字，你的名字

——同姓所展示的家庭形象

中村桃子

1 名字的语言学

对于我们而言，最切身相关的词语也许是自己的名字。但是，大家也许并不太知道前人从男女平等的视角围绕名字进行过长期的论争。为何名字会成为被探讨的问题？这是因为，名字的取法决定了我们的社会是以怎样的家庭为标准进行思考的。

家庭的标准之所以重要，是因为与我们的生活直接相关的"父母""夫妻""儿女""兄/姊、弟/妹"等因性别而被区分的家庭角色在发生变化。就这层意义而言，思考名字不仅给予我们思考家庭形式的机会，还给予我们思考与性别相关的家庭作用的机会。首先，为了了解其历史背景，我们先分析与现代大相径庭的古代名字。

2 关于名字的两大观点——"名实一体观"与"名字符号观"

我们对名字的观点，可以大致可分为两种：一是名表示体，名字即其人的"名实一体观"；二是"名字符号观"，即名字不过是特定某一任务之符号。

日本的名实一体观，从古代回避书写和称呼神灵、帝王、天皇的名讳的"实名敬避"①这一传统就可以看出来。此外,在古代、中世,告知他人自己的名字就意味着会成为他人的弟子或随从,或者被降服于敌人。

"实名敬避"的传统,即便是在现代也以回避称呼上司或长辈姓名的方式残留着。在公司,上司对下属直呼其名,但下属不能称呼上司的名字而多称上司为"社长""部长"。这在家中或学校也是相同的。

此外,我们认为与其他词语相比较,说错、叫错、写错名字更失礼。如果问婚礼主持人最在意什么,他可能会回答人名。现今是惜字如金的时代,虽然我们多用"パソコン(电脑,是パーソナルコンピュータ的缩略语)""ワープロ(文字处理机,是ワードプロセッサー的缩略语)"等缩略词,但在人名上,如果没有他人的许可我们无法省略其名字。

名实一体观并非只有日本才有。例如,在魔幻文学畅销书《哈利·波特》系列中,众多魔法师不仅不叫巫师"伏地魔"的名字,而且只要哈利·波特一提到"伏地魔"的名字,他们就会感到恐惧,仿佛名字就是巫师本人一般。

3 通过改名而改变自身

名实一体观的第一阶段,即如果人变了名字也必须跟着改变。实际上,众所周知,在明治时代之前,许多日本人经常改变自己的名字。

例如,成年后要将小名改为大名(竹千代→元信→元康→家康),如果隐居也要改名(泷泽马琴→泷泽笠翁),如果出家要把俗名改为戒名。一直以来,日本人的职业、立场、地位的变更必然伴随着改名。其中,戒名即便是在现在还发挥着作用。

名实一体观到了第二阶段,就是如果想要改变人物只要改变名字就可以了,如因祛病、辟邪而改名。泷泽马琴在61岁的厄运之年②改名为篁民。即便是现在,也有人在经历事故或病痛之后改名。重视个人形象的职业者拥有笔名、艺

---

① 所谓"实名敬避",是指将贵人、父母等上司或长辈的实名说出口或写出来视为一种禁忌的风俗,是法学家穗积陈重(1855—1926)的用词。世界各地均有类似的风俗习惯。(译者注)

② 厄运之年在日语中说成"厄年",是指多灾多难的年龄。这一说法没什么科学依据,据说来自阴阳道。"厄年"的说法在平安时代就已经存在,是日本人深信不疑的一个风俗。一般认为,男性与女性的厄运之年不同,男性为虚岁的25岁、42岁、61岁,女性为虚岁的33岁、37岁。特别是男性的42岁和女性的33岁,被称作"大厄",即极为不祥之年。(译者注)

名等其他名字。著名日本歌唱家美空云雀的原名是加藤和枝，知道这个信息，有些人可能会感到吃惊吧。

在第一阶段，因为人物自身改变了所以名字也跟着变了；但在第二阶段，人物明明还未变身，却先通过改名而期待改名后人会发生变化。

此外，通过改变名字而改变指示物的现象，在普通的词语功能中也屡见不鲜。例如，如果之前叫"××公寓"的建筑物改称为"××宫"，那么人们对同一个建筑物的认知也会大不相同。商品名称之所以重要，是因为名字不同销量也会不同。

名实一体观到了第三阶段，发展成把对人的美好愿望寄托在名字里。典型的就是父母对子女的取名。父母会考虑到姓名的寓意和笔画，取名的时候寄托了希望孩子能幸福的愿望。假如希望子女美丽就取个"美"字，希望子女高飞就取"翔"字。在第三阶段，人们通过给尚未出现的人取名而让其存在。

如此，根据名实一体观，"改变名字"与该人物改变自身相关联。重要的是，不仅存在因为人的变身而改变名字的情况，也有通过改名而让人变身的情况。

4 一人一名主义

对名实一体观造成冲击的是日本明治五年（1872）的改名禁止令和复名禁止令①。如前所述，在古代日本，每当立场改变，名字也会随之改变，如元服、袭名、出家、隐居等。不仅如此，一个人同时使用多个名字的情况也不稀奇，如官名（大石内藏助、柳生十兵卫）、国名（宫本武藏）、雅号等。

但是，对于试图将分割成多个藩国的日本统一成一个国家的明治政府而言，了解国民对征兵、征税非常重要。如果某人改变名字或者使用多个名字，那么

---

① 明治五年（1872）5月7日，日本政府发布太政官布告149号，布告明确"従来通称名乗両様相用来候輩自一名タルヘキ事（之前拥有多个名字者应只用一个名字）"。这个布告规定：一、实行选择通称或实名作为自己名字的一人一名主义；二、不仅仅局限于官员，所有国民都需要遵守。通过这个禁令，"ヨコの複名習俗（一人多名习俗）"被否定，在法律上确立了一人一名主义，开始了今天的通过一人一名而实现名字的固定。同年8月24日，日本政府发布太政官布告235号，布告明确"華族ヨリ平民ニ至ル迄自今苗字名並屋号共改称不相成候事，但同苗同名ニテ無余儀差支有之者ハ管轄庁ヘ可願出事（无论贵族或平民均不能更改姓名，但同名同姓者如果觉得有必要可提交申请更改姓名）"。这个布告的颁布禁止了日本人的随意更名，除非"同名同姓"。对于试图通过户籍来掌控国民的政府来说，自由更改姓名的习俗是令人无法容忍的。改名禁止令在昭和二十二年（1947）《户籍法》第138条出台后被废除。（译者注）

国家就无法管理国民。因此,政府规定一个人只能使用一个名字并录入户籍。如果要改名,必须向国家提交申请并获得批准。

一人一名主义与将名字视为识别个人的符号的观点相结合,由此形成了名实一体观和名字符号观两种观点。对于我们来说,可以理解的是"一人一名"产生的背景中有着国家管理国民的目的。此后,国家开始采用各种形式对国民的名字进行限制。

5 表示"家"的姓

改名禁止令和复名禁止令引起了已习惯于改名和多个名字者的极大混乱。特别是,户籍是以由"姓"而组成的"家"为单位编制的,以前没有姓的平民老百姓必须请村长或住持来赐姓("姓、氏、苗字、名字"在历史上分别具有不同的意思,《明治民法》上用"氏",但本章我们用大家所熟悉的"姓")。

《明治民法》的户籍基于家制度,姓是"家"的名称,因此当初也有观点认为,从其他家庭嫁进来的妻子可以使用之前的姓(久武绫子,1988)。但是逐渐地,妻子也跟随夫姓,丈夫则通过姓来支配妻子。姓的变更意味着该人所属"家"的改变。

《明治民法》的家制度规定,父亲作为户主拥有绝对的权力(户主权)。父亲拥有管理财产、决定住处、监护、结婚、过继、分家的权力,因此几乎所有家庭生活中的事都是由父亲决定的。

相反,妻子不仅被视作无法管理、处理财产的"法律无能力者",也没有监护权。户主权和财产只能由长子继承,女儿和其他儿子没有继承权。换言之,家制度的"家",指的是父亲留给长子的"男人的家"。

因此,虽然有改名禁止令,但半数国民还是改了姓。女性结婚时改成丈夫的姓,即婚姻改姓。婚姻改姓意味着女性所属的家从父亲的家变更为丈夫的家。

6 夫妻同姓和以家庭为单位的户籍制度

但是,1946年日本颁布了基于民主主义的《日本国宪法》,家制度被认为违反了"婚姻中夫妻的平等"(《日本国宪法》第24条)而被废除。妻子为"无能力者"这种法律地位也被废除,财产等额继承权、孩子的监护权也改成夫妻共同拥有。"家"消失了,因此姓不是家而应该成为个人的名称。

然而,现在仍存在两个问题:一是夫妻同姓和亲子同姓;二是现有的户籍编制制度,即丈夫作为户主,夫妻加上与这对夫妻同姓的孩子所组成的家庭为一个户籍。虽取代了"家",但"姓"还是象征着家。

熟知《家庭法》的二宫周平(2007)认为,拥有像日本这种以家庭为单位的户籍制度的国家只有韩国,其他国家普遍采取以个人为单位的登记形式。此外,关于夫妻的姓,在美国、英国、加拿大、德国、法国,以及部分北欧、东欧国家,个人可以选择同姓、异姓、夫妻双方的结合姓。像日本这种强制实行以家庭为单位的户籍制度和夫妻同姓的国家,在全世界都比较稀少。

7 通过姓而遗留的"家"意识

通过继续使用基于姓的家庭为单位的户籍,本应在法律上予以废除的"家"保留在了人们的意识当中。这是因为,多数场合户籍是以户主丈夫为核心,其他家里人入籍或除籍的形式为结构的。如果孩子出生,那么孩子要入籍,如果夫妻离婚,妻子就会被除籍,孩子如果结婚也会被除籍。这让人想起明治时代家制度中户主与家里人的主从关系。

这种"家"意识的具体形式就是姓。例如,周刊杂志的标题——名人"入籍了",这个表达该如何理解呢?可能许多人会理解为"女性进入男性的家庭了"。但是,现在的法律所预想的结婚,并非女性进入男性的家庭,而是女性和男性都从父母的户籍里出来,形成一个新的户籍。即便是现在,结婚也被误解为"女性进入男性的家庭",这与女性的婚姻改姓和户籍的变更有关。

此外,在日本,亲子、夫妻同姓被认为象征着家庭一体感。但是,如前所述,在国外也有许多国家不强制夫妻同姓。换言之,在日本,之所以同姓被理解为家庭一体感的象征,是因为日本采用了以姓为基础组成家庭单位的户籍制度。

8 为何女性要婚姻改姓

也许有人会认为结婚后女方改成男方的姓是理所当然的吧。实际上,确实

约有97%的女性婚后改成了丈夫的姓。但是，《日本民法》第750条仅规定，"夫婦は、婚姻の際に定めるところに従い、夫又は妻の氏を称する（夫妻结婚时遵循相关规定，使用丈夫或者妻子的姓氏）"，在法律上妻子或丈夫均可以改姓。那么，为何女性要婚姻改姓呢？

最大的理由可能是"因为这是日本的习惯"吧。多数女性并不知道丈夫也可以改姓这条法律规定，而是依照习惯改姓，也没有对改姓有任何犹豫。反而，婚姻改姓蕴含"正式结婚"这种褒义，也体现了女性被认可为正式的伴侣的喜悦之情。

然而，男性对自己的婚姻改姓有着强烈的抵触情绪。这是因为婚姻改姓与改变"家"的所属相关，男方如果婚姻改姓就像入赘到了女方，让男性感觉丧失了"男人的面子"。

有一名男性，在被未婚妻质疑"为何必须改成丈夫的姓"时无言以对。因为他刚好是一名律师，他熟知在法律上无论改成哪方的姓都是可以的。

"我每天都在思考该怎么办。如果改成女方的姓氏，那么作为男人太没面子了。这已经不是有逻辑、讲道理的世界，而是父母会说什么，周围的人又会怎么看的问题。我在意的只是自己的颜面。"（东京律师会，有关女性权利的委员会，1990）。

这对恋人，因为男方过于为难，所以最终女方让步了。但是，这个例子显示：即便是在家制度被废除的现代，男性维持自己的姓氏、成为"一家之长"对于"男人的颜面"依旧非常重要。通过同一个姓而被会聚在一起的家庭单位的户籍制度衍生了男人不婚姻改姓是保护男人体面的观点。

9　女性婚姻改姓产生的问题

有人指出，女性结婚后改变姓氏的习惯存在各种问题。首先，在更加重视用姓氏称呼个体的日本社会，由于改姓而无法特定到某一个人。

例如，结婚前以"铃木花子"为姓名工作的人，如果结婚后改名成"中村花子"，那么当以前的客户打来电话，会不知道接待的人到底是谁。也许有人会说告知周围的人不就可以了吗？但是也有人抵触将结婚这种私人信息告知同事。在同学会的名单上，会为了特定到某个人让女性填写旧姓一栏，这会让众人知晓女性是否已婚。

其次，无法知道婚前与婚后的工作是否系同一个人所为。在现代社会，众多女性在各种领域硕果累累，这些成绩都是以制作者名、登录者名或"姓＋名"的形式记录的，如果改变姓氏，那么就会失去连续性。

连续性的丧失与"自分でなくなるように感じる（感觉不是自己了）"的丧失感相连。如果站在根据名字就可以确定某个人这种名实一体观的角度，那么我们就不难理解这种感慨。

再则，婚姻改姓助长了将女性视为夫家"媳妇"的倾向。改姓被认为是家庭所属的变更，期待女性变身，所以改了姓的女性被认为"成了别家媳妇"。

离婚后改回旧姓之人的感想体现了婚姻改姓期待女性的"媳妇"作用这一现象。依照现在的法律，女性离婚后可以选择改回旧姓，也可以选择依旧使用前夫的姓。改回婚前姓氏的理由有许多，例如，"想跟他们家断绝关系""讨厌这种被归并到夫家的感觉"（东京律师会，有关女性权利的委员会，1990）。

因此，在不希望被"家"意识所束缚，看重以彼此为人生伴侣的关系者当中，有人不是选择需要婚姻改姓的"法律婚"，而是选择无须登记的"事实婚"。

10　同姓家庭形象的问题

在人际关系多样化的现代，以"夫妻和孩子"构成的家庭为标准是不充分的。在日本，2005年，由夫妇和孩子构成的家庭数量减少为所有家庭的约30%。晚婚化和高龄化导致单身比率增加了约30%，"仅有夫妻两人"的家庭数量也上升到整体的20%。"家庭"的概念也不得不多样化了。

此外，仅将"夫妻和孩子"组成的单位视为家庭，是对其他人际关系的歧视。对于未婚产子、离婚、再婚等，人们也会以脱离标准这种先入为主的观点来看待。

例如，如果孩子犯了什么错，那么就会有人说"因为母亲有工作""因为父母离婚了"等，用不符合丈夫工作、妻子为全职主妇的家庭形象作为理由。但是，现实生活中已经存在各种家庭形式，固定的家庭形象只会制造出不承认其他生活方式的令人窒息的社会。

11　选择性夫妻异姓

为了解决这些问题，自20世纪80年代中期起，日本众多法律家、政治家、活动家开始提议夫妻异姓。1996年法制审议会报告的修正案规定，结婚时可以选择夫妻同姓或夫妻异姓，同时为了统一兄弟姐妹的姓氏，结婚前可事先决定孩子随父亲的姓还是母亲的姓，已经结婚者也可以选择夫妻异姓。

2001年内阁府举行的舆论调查结果显示，在认可夫妻异姓方面，20—40岁年龄段的人占比最多，他们认为改变制度也没关系。在这个调查中，异姓容忍派占42%，认为修订法律，婚后也使用自己的姓也没关系的人占23%，认为没必要修订法律的人占30%。

也有人认为，名字仅是区别人与人的符号，并不象征人格。最高法院在1988年指出："姓氏，是人作为个体被尊重的基础，是个体人格的象征，是构成人格权的部分内容。"如果名字是人格权之一，那么自己被用什么名字来称呼，是作为宪法保障的语言表达自由而应该受到保护的。

此外，为了建构脱离封建的"家"意识，配偶相互尊重人格的家庭，不仅应该让夫妻异姓成为可能，也有必要将家庭单位的户籍制度变更为个人单位。其中一种做法是，提议给多样关系中的配偶关系提供与现在的结婚制度相同的法律保护（杉浦郁子等，2007）。

12　反"夫妻异姓论"

但是直到2009年，夫妻异姓在日本还未实现。这是因为如果让夫妻异姓成为可能，那么"家庭会崩塌""家庭一体感会消失"的想法根深蒂固。正因为"夫妻和孩子"这种家庭形象本身无法成立，所以至少要通过同姓来维持这种幻想。

这种主张，如果依照"通过改变名字让人物变身"这种词语的作用，那么可以说是不现实的。实际上，在家制度被废除后，同姓在维持家意识上发挥了重要作用。即便是有可以选择的制度也有人反对夫妻异姓，这可能是因为他们熟知语言具有引领我们意识的力量吧。

反对异姓者为何要拘泥于同姓家庭呢？这是因为，父亲作为金字塔的塔尖通过姓氏将家里人会聚在一起的户籍形式，对维持男性支配女性的家父长制有效。如前所述,同姓取代了家制度被保留下来。在家制度中,女性无偿操持家务、生儿育女、护理老人被作为对家庭的爱而受到赞赏。但是,如果没有这些,那么国家不仅会丧失一天24小时都可以奉献给公司的男性劳动力,而且必须负担家务、育儿、护理等职责。对"充其量就是一个名字"进行如此旷日持久的论争,是因为名字象征着日本的家庭形象。

但是,这也是实现夫妻异姓,使丰富多样的家庭形象成为可能的第一步。是以之前通过"姓"会聚起来的一种家庭为标准好,还是将各种关系也接受为相同家庭的社会好呢? 之前认为婚后女性要改成夫姓是理所当然者,也应该对"姓"所担负的家意识进行思考了。

参考文献

杉浦郁子,野宮亜紀,大江千束,2007. パートナーシップ・生活と制度―結婚、事実婚、同性婚―[M]. 東京:緑風出版.

高梨公之,1981. 名前のはなし[M]. 東京:東京書籍.

東京弁護士会,女性の権利に関する委員会,1990. これからの選択・夫婦別姓―〈個と姓の尊重〉女と男の自由な関係―[M]. 東京:日本評論社.

中村桃子,1992. 婚姻改姓・夫婦同姓のおとし穴[M]. 東京:勁草書房.

二宮周平,2007. 家族と法―個人化と多様化の中で―[M]. 東京:岩波書店.

久武綾子,1988. 氏と戸籍の女性史―わが国における変遷と諸外国との比較―[M]. 京都:世界思想社.

专栏6

围绕"性别"这一词语的攻防战

井上辉子（和光大学现代人间学部教授）

"性别（gender）"这个词，在20世纪70年代之后作为指代社会、文化性形成的词语被学术性固定下来，联合国等国际机构也经常使用该词。但是，在日本，人们针对该词进行了猛烈的攻击，"不应该使用""不能使用"之声不绝于耳，这场口诛笔伐成了席卷政府、自治体、学界教育界的大论争。

"性别（gender）"一词起源于欧美语言的语法用语，转用为社会科学用语的背后有着身体上的性与性别身份未必一致这种性科学的发现，以及男女歧视并非生理学性宿命而是社会制度和文化的问题这种女权主义的主张。通过使用这个用语，就可以重新审视无论什么都将人一分为二成男性和女性来看待的做法，不仅限于男女歧视和性别分工。

20世纪90年代后半期，"性别（gender）"不仅作为学问型分析用语，也开始作为日本的行政、教育、社会运动的口号被使用。例如，东京自1995年起不断发行带有"性别确认（gender check）"字样的小册子，推广"性别自由（gender free）"教育等，热衷于普及该词语。1999年，在国会上全票通过了《男女共同参画社会基本法案》。"男女共同参画社会"的英语为"gender equal society"，即性别平等社会。

当时，"性别（gender）"在教育领域也被普及了。在1945年后的学校教育中，至少表面上是推行了"男女平等"教育，但是实际上很少以性别分工和性别特性教育为前提。对此，教师当中开始盛行重新审视"隐性课程"的运动，例如采用男女不同的名单，学生会中男女分工固定化，等等。其关键词是意指"不受性别约束，做自己"的"性别自由（gender free）"，该词被采用也并非不可思议。

对于这种动向，2002年前后社会上开始针对"性别（gender）""性别自由（gender free）"等词语的使用，以及基于此的实践活动进行了责难和性别攻击（gender bashing），如"整齐划一地取消男女的差异而追求人类的中性化""男女一起检查身体，上体育课更换运动服也让男女同室""以原始共产制的自由性行为为理想"等。部分报纸和杂志煽风点火，议员在议会上执拗地重复类似问题，网络上的攻击白热化，这些都让讨论逐步升级。

这种荒唐无稽的讨论之所以能扩散，可能是因为有人对性别的变化防卫过头了吧。即便不太有人怀念1945年前男尊女卑的家制度传统，但是如果女性如此活跃，那么"男人的领域"就会受到威胁，为此感到不安的男性不在少数。此外，不少人认为，因为女性占了法官、议员、管理职位的一两成，所以现在已经充分实现了"男女平等"。

但是，如今如果仍实行男性中心主义，那么个人和企业都将处于不能维持的状态。"男人出门工作，女人家务育儿"的家庭确实支撑了日本经济高速增长期，但是其后的产业结构变化促使女性劳动力化。非正规雇佣形式逐渐扩展到男性的现代社会，"能养家糊口的"男性不多，性别分工正逐渐崩塌。

性别关系的变化是时代的趋势，"性别（gender）"这个词语和对事物的看法，从长远来看肯定会被固定下来。虽说如此，中学教科书上已经删除了"性别（gender）"一词，东京都教育委员会也已下发通知，规定不使用"性别自由（gender free）"一词，这表明性别攻击（gender bashing）短期内可能奏效了。

变革男性优位的社会体系，创造在雇佣条件、税制、社会保障中人人平等的社会制度成为21世纪的重要课题。因此，我们有必要以各自的"性别"为关键词重新审视自己的生活方式和社会应有的状态。

V

话语分析的研究
路径与方法

话语分析的研究路径与方法

林礼子

1　性别与话语

为了交际所使用的语言，不仅传达意思和信息，也传达语言使用者的想法和社会价值观。传达这种社会性意思的语言被叫作话语，指的是我们在日常生活中使用的所有符号。在教室、法庭、广告、报纸或者购物中心、美容院等处使用的语言（声音、文字、句子）、副语言（语音或动作）、视觉表达（图、画、色等）都是话语。其中，传达性别意思的话语被称作**性别话语**。例如，被命名为大米或水果名字的"あきたこまち（秋田小町）""なつひめ（夏姫）"①等，让人联想到女性的名字。此外，对于夜晚粉红色灯光映照下的京都塔的照片，有些报纸报道称"古都的象征变得像女性了"，将被渲染成粉红色的京都塔描写成像一名女性。

潜藏在这种性别话语背后的是，试图将对象分成两类进行整理、理解的**二分法**的观点。第一类是，在命名农作物时依据性别的二分法选择了女性与食物相连接。第二类是，将颜色视作男女，将粉红色与女性相连接。本来，食物或色彩里没有性别的意义。但是，我们就像它们存在性别意义般使用语言，这是因为我们在语言生活中常识性地使用它们。二分法是以两个项目对立为前提

---

① 秋田是日本本州岛东北部的一个县，是富饶的鱼米之乡。秋田县的女性多肤白貌美，因此日语中有个词叫"秋田美人（秋田美女）"。小町是日本古代绝世美女短歌诗人小野小町的名字。姬是公主的意思。（译者注）

的，但我们没有发觉这成为歧视或不公的原因。实际上，这种语言中的性别问题，可以通过话语研究来阐明。

2 何谓话语研究

何谓话语研究？这是探究语言功能的工作，语言具有调整人际关系、维持、变革社会价值观的作用。在日常交际中，它研究语言被使用的过程，即人是使用什么语言、怎样使用语言来表达自己或社会的观点的。

话语研究诞生于20世纪60年代，它受到后建构主义，或者被称作建构主义、社会构成主义的社会思想的影响。书面语和口语的形式被分别称作**文本**（text）**和谈话**（talk），但人在形成想法之前，即语言化之前，会在心中解释、理解各种事情，并将它们组织成语言。这些社会思想认为，文本和谈话中蕴含着这些活动，反映了人或社会的想法和价值观，主张这些活动也必须纳入语言的研究中。在这个意义上，话语研究将文本和谈话视为话语，通过文本和谈话的分析，研究作为心理活动的话语是如何影响我们的社会生活的。

3 性别话语研究的开端

在语言研究领域，语言与性别的关系自古以来就被提及，但将其定位为一个学术领域则是在20世纪70年代。该领域研究的第一人便是罗宾·莱考夫。她在著作《语言与女性的地位》（*Language and Woman's Place*，1975）中指出，女性使用与男性不同的说话方式。例如，女性经常使用缓和表达〔"～とか(……等)""と思う（我想，我认为）"〕、夸张的修饰语〔"すごく（非常）"〕、修辞技巧〔"ほんとうに（真的）"〕，但是她们的语言表达给人缺乏自信、软弱、卑微的印象，莱考夫将使用者定位于劣等地位。这个主张后来产生了两大模型：一是女人和男人的说话方式不同的"文化差异模型（difference model）"；二是女人与男人说话方式的不同，是因为男人支配女人的"支配模型（dominance model）"①。所谓模型，是指研究的理论框架，但无论是哪种模型，其背后都存在基于二分法的想法。但是作为研究方法，它们存在以下问题。

文化差异模型认为，女人和男人的说话方式不同，是因为他们在幼儿期受到不同文化的浸润，拥有不同的经历。社会语言学家德博拉·坦嫩（Deborah Tannen）的《你误会了我——交谈中的女人和男人》（*You Just Don't Understand — Women and Men in Conversation*，1992）就是代表性著作之一。受到坦嫩的触发，此后，将闲聊、礼貌、合作性说话方式等语言行为作为女人的说话方式特征的研究被推进。这些研究强调说话方式与性别密切相关。文化差异模型的问题在于，将女人与男人的关系视为二元对立，以该对立原本就存在于语言为前提（被称为本质主义、还原主义），将男女各自的言行举止一般化。实际上，女人也会采取与男人相同的说话方式和举动，反之亦然。这个模型的危险性在于，在学问上承认将人类一分为二观点的正当性。

支配模型的先驱是戴尔·斯彭德（Dale Spender）。斯彭德在其著作《男人创造的语言》（*Man-Made Language*，1980）中主张，英语的词汇、结构、语用发挥着强化家父长支配和男性权力，以及永存性别不平等的作用。此外，谢丽斯·克拉马雷（Cheris Kramarae）认为，英语中没有表达女性的经验和想法的词汇和概念，因此女人成为**"被迫沉默的群体"**。例如，woman（女人）的意思是基于男性的视角创造的，而并非基于独立个体的女性视角创造的，因此女性无论怎么陈述自身在社会上工作的必要性都不会被理解。尽管费尽口舌，因为语言中没有能被理解的意思，所以女人只好断念死心进而沉默不语。

这个模型的主张是，语言并非原本就有性别，而是语言被附上性别后被性别化了。这个主张理应受到好评，但问题是该主张基于男人的支配和女人的从属这种二分法的观点。其前提中存在语言的选择是在男性支配的社会制度中被决定的观点，但是实际上，语言的选择往往由所处状况而决定，并非由权力或支配来决定。

20世纪80年代，基于这些模型分析实际会话的研究开始盛行。例如，帕梅拉·费舍曼（Pulmonary Fishman）在支配模型的框架下分析男女的会话，发现

---

① 关于"文化差异模型"和"支配模型"，详见中村桃子：《语言与性别》，徐微洁译，浙江工商大学出版社2017年版。（译者注）

了如下差异：女人比男人更好问，她们承担着提供话题的作用，男人会接受对方的话题，在开口说话之前说"你说得真有意思啊"来引起对方的注意。坎迪斯·韦斯特（Candace West）和唐·齐默尔曼（Don Zimmerman）分析了会话中男女的打断行为，指出与女性相比，男性打断女性说话的频率更高。这些研究认为，会话方式的差异不仅反映了作为会话的对象没有受到平等对待的女性的经历，还强化着社会的不平等。但是，这些研究受到文化差异模型观点的束缚，以女性与男性使用不同的说话方式为前提，因此它们始终用二元对立的二分法来看待社会的不平等。

4　性别话语研究的多样路径

模型研究的问题将语言与性别的关系视为不可分割，即将性别放在二元对立中来看待。到了20世纪90年代，试图改善该问题并超越模型的研究活动开始兴起。实际上，语言与性别的关系是流动的。人的价值观和看法是多样的，有些人不认为男女说话方式的不同是不平等，也有些人不认为女人受到了语言的压制。我们有必要在理解这些情况的基础上进行相关研究。因此，这里要提及的是**社区（community）的社会实践**这个概念。该概念受到了戴尔·海姆斯（Dell Hymes）的影响，他从"何时、何地、谁对谁、何种状况、方法、语言"等方面系统分析了社会要素和语言。所谓社区，指的是教室、家庭、职场、儿童游乐场、公园、假想的网络聊天等人们聚集在一起进行某种社会活动的场所。性别话语的研究，不仅研究语言学领域，还研究社会语言学、语言人类学、社会心理学、交际论等众多领域的社区中人们的语言行为。

语义学研究的路径是指调查词语、句子的形成历史和被赋予意义的过程，研究这些如何成为性别话语的路径。

对英语的单词意思进行历时研究的语言学家萨利·麦康奈尔-吉内（Sally McConnell-Ginet），以英语的housewife（家庭主妇）和hussy（轻佻的女子）为例，说明了housewife是如何拥有语义的。这些词语以前是同义词，但hussy带上了性方面的意思，意指厚脸皮的女人、轻佻的女人，发生了**语义贬降**现象。hussy的语义贬降让housewife也被带上了否定的刻板印象。在日语中我们也能看到相似的例子。"メイド（meido）"原指家庭内部劳动者或女用人，但20世纪90

年代后半期之后，在亚文化中出现了"メイド萌え（女仆萌）""メイド喫茶（女仆咖啡馆）"等复合词，这些词被附加了性方面的意思，发生语义贬降现象。

词典的编撰也是社区的社会实践。在编撰词典时给某个词语下定义便是一种赋予该词意义的行为。此时会带有性别偏见（gender bias）。例如，在英语词典中，有些词典将 man 定义为"a human being, mankind（人类）"，将 woman 定义为"the female of man（人类＝男人的女人）"。此外，即便是现在使用的词语也存在这种现象，例如 history（历史）中有男人（his）但没有女人（her）。因为没有 herstory 这个词语，所以历史上女人的功绩也得不到正当的评价。即便是日语，也是她中有他，但他中无她。[①] 例如，"彼女（她）"这个词语本身就暗含女人的附属性。

民族志的路径是指研究在共同体中人们在何种习惯下遵守怎样的规范和规则，即社会意义。研究方法是通过田野调查来观察、录音、录像。

玛乔丽·H. 古德温（Marjorie H. Goodwin）观察了几个非裔美国女孩和美籍西班牙女孩玩跳房子（hopscotch）游戏和过家家游戏的过程，并进行了详细的记录和再现（Goodwin, 2006）。下文是其部分数据。非裔美国女孩们在地面上画了几个正方形，玩跳房子游戏。对于伙伴们发出的"出局""踩线"等判决，露西安达（Lucianda）朝着克里丝塔（Crystal）歇斯底里，大声否定了这个判决（第8行）。于是，伙伴们开始由"判决"模式变成"攻击"模式。

01	Lucianda：	（在第二个正方形格子里跳了两次，落脚时像是踩到了第一个正方形格子的边线）
02	Joy：	You out. 你出局了。
03	Lucianda：	NO I'm not. （摇着头）我没有出局。
04	Joy：	You hit the line. 你踩线了。
05	Crystal：	Yes you did. 是的，你踩了。
06		You hit the line. 你踩线了。（用手指着线）
07	Joy：	You hit the line. 你踩线了。

① 日语的"他"和"她"分别是"彼（kare）"和"彼女（kanojo）"。（译者注）

08	Lucianda：	I AIN'T HIT NO LINE!（将身体转向克里丝塔）
		我没有踩任何线！
09	Alisha：	Yes you did. 不，你踩了。
10	Crystal：	（一边笑，一边摇头，去那个地点）
		You did. You s- 踩了，你。
11	Lucianda：	No I didn't. 不，我没有。
12	Alisha：	Yes you did. 不，你踩了。
13	Crystal：	Didn't she go like this. 她没有这么做吗？
14	Lucianda：	（责怪似的拍了拍艾丽莎）
15	Alisha：	You hit me. 你拍我了。
16	Crystal：	You did like this. 你这样做了哦。（重新演示了
		一遍踩线）
17	Lucianda：	Shut up with your old fashioned clothes.（对着艾
		丽莎）穿着落伍的衣服还喋喋不休，快闭嘴。
18	Crystal：	You did like that. 你那样做了哦。
19	Joy：	Yeah you hit that line right there honey. 真的，你
		踩了那里的线哦。（移动到踩线处并用脚轻轻
		碰了两次）
20	Lucianda：	（扔出一个石头，石头落在箱子外侧）
21		My feet. 我的脚。
22	Latifa：	Y-you out now! 出局，快点！

攻击时，女孩们有自己的方法和顺序。克里丝塔和乔伊（Joy）再现了露西安达踩线的样子（第16行和第19行）。其他女孩也用手指指向踩线的地方，并进行了示范。对于露西安达的舞弊行为，她们通过展示证据来证明。女孩们对于不遵守规则的对象，哪怕是伙伴也要抗议，即使这会导致内部不和。古德温通过这一数据指出依二分法将女性用社会性、合作性、礼貌性等词语来概括并刻板印象化是错误的。

批判谈话分析的路径是指在语言表明意识形态和行使权力这种见解下，阐明隐藏/被隐藏在政治采访、演说、公文、报纸、杂志、笔录等中的话语。

例如，诺曼·费尔克拉夫（Norman Fairclough）认为，要理解心理活动有必要阐明语境，并将语境分成三类：①话语被使用的场所；②该场所产生的社会制度；③比该场所产生的社会更大的社会。如同民族志的方法所分析的，民族志详细表述①和②，但批判谈话分析以①和②为基础提及③。①根据文本形式的分析"表述"被使用的词语、句子和语法结构。②"解释"文本的互动侧面，即文本向听者和读者传达什么、如何传达。③"说明"文本的社会侧面，即文本对社会的影响和效果（费尔克拉夫，2008）。

林礼子使用这个研究路径分析了女性杂志将读者作为"会购物的性别"来对待的过程（Hayashi, 1997: 359-389）。

「記述」（テクスト的機能）

ディスコースが使われている場所：女性雑誌

テクスト：「こんなコート欲しかったんだよね」「スカートの巻き方まねしたい」などのディスコース。

分析：省略されている「欲しい」「まねしたい」の主語は、①私（書き手）、②あなた（読者）、③私たち（書き手と読者）、④私（読者）の解釈が可能である。①と②の場合、「よ」は相手に自分の意思、確認を伝える、「ね」は相手にその同意を求める。③は①と②をともに伝える、④は書き手の文を読み手自身が自分の言葉として使い、自分や雑誌に向けて語る。助詞「たい」は、「あなたは〜たい」のように使えないので、「たい」の主語は①、③、④が想定できる。

"表述"（文本功能）

话语被使用的场所：女性杂志

文本："曾经想要这种大衣吧？""想要模仿裙子的卷法"等话语。

分析：被省略的"想要""想模仿"的主语可能是①我（作者）、②你（读者）、③我们（作者与读者）、④我（读者）。如果是①和②，那么"よ（yo）"就是向对方传达自己的意思和确认，"ね（ne）"是寻求对方的同意。③与①和②同时传达，④是读者将作者的句子作为自身的语言来使用，面向自己和杂志使用。助词"たい（tai）"不能用于"あなたは〜たい（你想……）"，因此"たい（tai）"的主语可以假定为①③④。

「解釈」(対人関係的機能)

ディスコースが使われている場所で生まれる社会制度:助詞「ね」や
「よ」は相互行為を引き出す機能があり、相手から「うん」「そうね」と
いった返答を期待する。また、「たい」は願望を共有する。これらの助詞
は、雑誌を、読者と対話し「私たち」「仲間」の対人関係を維持する場と
して制度化する。

"解释"(人际关系功能)

在话语被使用的场所诞生的社会制度:助词"ね(ne)"和"よ(yo)"
具有引起相互行为的功能,期待对方"うん(嗯)""そうね(是啊)"
等回应。此外,"たい(想,希望)"表示共享愿望。这些助词让杂
志与读者对话,让其作为维持"私たち(我们)""仲間(伙伴)"的
人际关系的场所制度化。

「説明」(概念的機能)

雑誌はこのようなフレンドリーな語りかけを読者一人ひとりに向けて
している。それは読者を個人として扱おうとする「統括的個人化」という
もので、消費拡大を目的としたストラテジーである。

"说明"(概念功能)

杂志对每个读者都使用这种友好的搭腔方式。这是试图将读者
作为个人对待的"总括式个人化",是以扩大消费为目的的策略。

使用会话分析的路径是指诞生于常人方法学(ethnomethodology)①这个
学术领域理论的会话分析之手法和路径。

社会学家哈罗德·加芬克尔(Harold Garfinkel)提倡的常人方法学认为,

---

① 常人方法学创立于20世纪60年代中期,也称民本土方法论或俗民方法学,是研究人们在日常互动中使用方
法的理论,其创始人是美国社会学家哈罗德·加芬克尔。"ethno"指的是普通人,"methodology"是方法论
之意,所以常人方法学分析的是普通人处理日常生活、社会互动的基本方法。常人方法学的代表人物有加芬
克尔、萨克斯、谢格洛夫、沙德诺、特纳等。常人方法学认为,社会学应该研究常识世界,研究日常生活中的实
践活动,而实践活动具有能动性。(译者注)

在人们的日常生活中存在某种常识性秩序，其目的是探究何谓常识性秩序。会话分析认为，在人们组织会话时遵循的规则里可见该秩序，仔细观察、分析录音或录像中的会话，可以阐明话轮（说话的顺序，turn）的概念，以及轮换（会话的轮换，turn taking）的规则和结构。此分析不加入语境信息（说话的内容、性别、说话的经过和背景等），不推测说话者的意图，采取社会中立的立场，仅聚焦会话的结构。

会话分析不将权力、意识形态、性别等社会要素作为研究的对象，这是因为这些社会要素会带入分析者的个人偏见。但是，会话分析的方法对性别话语的研究有用。性别的歧视与权力的行使并非语言的内容，而是有时会组合到会话的结构中。

下面是丽萨·泰尼奥（Liisa Tainio）的部分调查数据（59岁的男性国会议员 MP 和15岁的少女 G 的电话通话）（Tainio, 2003）。[①]

01	MP:	I see = are you busy now in the daytime.	是吗，现在白天很忙吗？
02		（0.8）	
03	G：	I shall work now I came just	白天有工作，
04		from the job, = and then I will go a ↑ gain.	我现在刚下班回家。
		. hh ⌈ °and > work<°	我还要去工作。
05	MP:	⌊ Yes.	是啊。
06		（1.0）	
07	MP:	I see: > I see<. = When shall we go for a ride then.	知道了知道了。我们什么时候去兜风？
08		（.）	
09	G:	↓ What did you say.	你说什么？

---

① 引文中，"（.）"表示说话的短暂中断，"（0.5）"表示说话中断的时间长短，"h"表示吐气，"hh"表示吐气的长短，".hh"表示吸气，"↑""↓"表示声调的上升和下降，"="表示说话没有中断连续，"["表示声音或说话的重复，"（we）"表示听得不确切，"> <"表示语速快，"° °"表示安静的口吻，"."表示因下降调而停止，"_"表示强势。

10	MP：When shall we go for a ride	什么时候去兜风呢？
11	（ . ）	
12	G： Hey listen I don't k˚now˚hhh	喂，你听我说，我不知道
13	（ . ）	
14	MP：h What?	什么？
15	（0.6）	
16	MP：Are you coming with me then.	那么，你会一起来吗？
17	（0.5）	
18	MP：Do┌you dare to come.	你敢来吗？
19	G： └I don't know. hhh	我不知道。
20	（ . ）	
21	MP：↓ But come along, ↓	但是会来。
22	（0.6）	
23	G： Why is ↑ that	什么情况？
24	MP：（We-）well I know why,（ . ）	啊，那个，实际上。
25	see I have heard（ . ）	我听说了。
26	I know （ . ） I know > much more	知道，一直都知道。
27	about you than you think<.	比你想象的还要了解你。
28	（0.7）	

　　谈话都是**话轮的连锁**，特别是寒暄—寒暄、提问—回答、召唤—应答、邀约—承诺/回绝等话轮与话轮连锁的相关性强。一般来说，针对提问进行回答是自然的。如果针对要求和劝诱保持沉默或言辞闪烁，那么就是表示拒绝或回绝。在这个电话中，议员重复了5次邀约（第7、10、16、18、21行）。对于这些邀约，少女保持沉默。对于第7行和第10行的邀约，少女在沉默之后采取了反问（修复行为）和暧昧的应答，但在第16行和第17行的话语中，以沉默（0.5秒）结束。少女并非用语言，而是用话轮转换的方法来表示拒绝。于是，议员再次邀约（第18行），这次将"are you"换成了"do you dare"。一般来说，dare是在对方抵抗后挑衅对方时使用的语言，因此我们知道这里议员知道少女的"沉默"代表

拒绝。尽管知道，但是议员还是继续邀约（第21行），最终采用了快速说出包含威胁的语句的方式（第24—28行）。如此，议员的性骚扰通过让少女接话轮的方式来进行。

5 关于研究

话语研究的目的是探究人们通过相互行为而产生的意义。正因为这个意义是多样的，所以研究的方法也多种多样。本章介绍了质性研究方法，但有些研究也使用语料库或问卷调查的量性研究方法。本章无法罗列所有的引用文献，因此希望各位读者能参阅参考文献。

参考文献

ディル・スペンダー，1987. ことばは男が支配する［M］. れいのるず＝秋葉かつえ，訳. 東京：勁草書房.

デボラ・タネン，1992. かわりあえない理由（わけ）―男と女が傷つけあわないための口のきき方10章―［M］. 田丸美寿々，金子一雄，訳. 東京：講談社.

高原脩，林宅男，林礼子，2002. プラグマティックスの展開［M］. 東京：勁草書房.

中村桃子，2007.「女ことば」はつくられる［M］. 東京：ひつじ書房.

林宅男，2008. 談話分析のアプローチ―理論と実践―［M］. 東京：研究社.

林礼子，2005. ジェンダーシステム―ジェンダーイデオロギーの言語化プロセス―［M］// 井出祥子，平賀正子. 異文化とコミュニケーション. 東京：ひつじ書房：84-103.

林礼子，2007. 実行行為性を曖昧にするコンテクスト化―日本語の「でいい」が指標するアフェクトとスタンス―［M］// 大原由美子，国立国語研究所. 日本語ディスコースへの多様なアプローチ―会話分析・談話分析・クリティカル談話分析―. 東京：凡人社：101-140.

ノーマン・フェアクロー，2008. 言語とパワー［M］. 貫井孝典，他訳. 大阪：大阪教育図書.

ロビン・レイコフ，1990. 言語と性―英語における女の地位―［M］. 新訂版. れいのるず＝秋葉かつえ，訳. 東京：有信堂高文社.

れいのるずン＝秋葉かつえ，永原浩行，2004．ジェンダーの言語学［M］．東京：
明石書店．

GOODWIN M H, 2006. The hidden life of girls: games of stance, status, and exclusion［M］.
Malden: Blackwell.

HAYASHI R, 1997. Hierarchical interdependence expressed through conversational styles in
Japanese magazine［J］. Discourse and society, 8（3）: 359-389.

TAINIO L, 2003. "When shall we go for a ride?" a case of the sexual harassment of a
young girl［J］. Discourse and society, 14（2）: 173-190.

索　引

项目索引（按日文五十音图顺序排列）

续　表

中文	日文	页码
实名敬避	実名敬避	155
指标性	指標性	7，15，69
社会地位	社会的地位	56，134
社会方言	社会方言	37，40—43
常识	常識	1，3—5，9—10，44，102，112，118，120，133—136，139，142，147，167，174—175
少女漫画	少女マンガ	127
小说	小説	1，9，18，22，24，30—31，34，40，46，59，78—79，81，83—87，104，120，127，134
少年语	少年語	30—31，34
少年漫画	少年マンガ	31—32，34
职业	職業	7，26，37，72，75，138，143—146，152，155
女学生用语→teyodawa 用语	女学生ことば→てよだわ言葉	19，21—22，127
女训书	女訓書	19，21
女性学	女性学	134
女性（专用）句末词（终助词）	女性（専用）文末詞（終助詞）	59，66—76，83
书生用语	書生ことば	21，29—32，34
消除对妇女一切形式歧视公约	女性差別撤廃条約	142
女性性→女人味	女性性→女らしさ	6—8，15，93，100，105，113
人权	人権	141，148，151—152
瑕疵	スティグマ	54
刻板印象	ステレオタイプ	53—55，58—59，61，63，104，112—113，117，170，172
姓氏	姓	159—161
性别差异	性差	3，26，38—41
性别歧视（女性歧视）	性差別（女性差別）	9，108—109，131—139，142—144
性别歧视主义（sexism）	性差別主義（セクシズム）	116
性少数派（sexual minority）	性的マイノリティ（セクシュアル・マイノリティ）	109
性别认同障碍	性同一性障害	4，107
生物学性基础论	生物学的基礎論	2
安全保障网	セイフティネット	143，152

续　表

续　表

中文	日文	页码
双性恋	バイセクシュアル	108，111，114
发话行为	発話行為	56
副语言	パラ言語	167
标准语	標準語	15，27，36—44，68—69，102—103，106
标准语政策	標準語政策	37，39
男主人公	ヒーロー	65，80，84
虚构	フィクショ	1，26，53，55，63，75，87，150
夫妻异姓	夫婦別姓	161—162
女权主义→妇女解放运动	フェミニズム→ウーマンリブ	9，116，122—123，131—132，134—139，163
武士	武士	27，30
文体要素	文体的要素	53—54
句末词（终助词）	文末詞（終助詞）	24—25，33，53，65，82—84，89，98
霸权	ヘゲモニー	5，102，116，119—120，122—124
偏见	偏見	53，108，113，171，175
方言	方言	9，27—28，36—44，69，103，106，117
法律婚	法律婚	160
我（boku）→我（ore）	ぼく（僕）→おれ（俺）	8，16，24，29—35，46—47，81—82，98，112，119，134
同性社会	ホモソーシャル	46—47
礼貌→敬语	ポライトネス→敬語	2，9，13—14，20，22，25，28，40，58，69，75—76，82，98，102—105，116—124，169，172
本质主义	本質主義	5—6，117—118，120，122，169
ma 行		
枕草子	枕草子	26—27，49
传媒	マスメディア	30，110—111
漫画	マンガ	9，18，31—33，46，53—54，57，59，61，63，89—91

续 表

中文	日文	页码
身份	身分	5—10，21，26—29，49，54，59，75，81，84，93，97，104—106，108—109，111—112，114，133—134，137—139
民族	民族	138，145
明治（时代）	明治（時代）	16—17，19—22，29—32，36—37，39—41，43，46，104，123，126，155—158
元话语→话语	メタ言説→言説	13，18—22
元语用论→语用论	メタ語用論→語用論	18
媒体	メディア	9，22，34，36，40—41，43，126，134—137，139，146
媒体素养	メディア・リテラシー	135
ya 行		
角色语	役割語	53，59
ra 行		
过程规范	ライフコース	79
流行歌曲	流行歌	26，33，90
贤妻良母	良妻賢母	21，40—41，72，75，126
女同性恋	レズビアン	3，109—111，113—114
恋爱	恋愛	50，66，78—81，87，90，93，109，110—111，127
恋爱至上主义	恋愛至上主義	78
言情小说→小说	恋愛小説→小説	78—80，86
劳动者派遣法	労働者派遣法	142
范例	ロールモデル	142

人名索引（按日文五十音图顺序排列）

续 表

中文	日文	页码
唐·齐默尔曼（Don Zimmerman）	ジマーマン，ドン（D. Zimmerman）	170
岛本理生	島本理生	80
寿岳章子	寿岳章子	138
杉浦由美子	杉浦由美子	61
戴尔·斯彭德（Dale Spender）	スペンダー，デイル（D. Spender）	169
清少纳言	清少納言	26—27，49
濑尾麻衣子	瀬尾まいこ	80
ta 行		
丽萨·泰尼奥（Liisa Tainio）	タイニオ，リーサ（L. Tainio）	175
高岛俊男	高島俊男	33
泷泽马琴	滝沢馬琴	155
竹内久一	竹内久一	21
德博拉·坦嫩（Deborah Tannen）	タネン，デボラ（D. Tannen）	169
坪内逍遥	坪内逍遥	29
东条操	東条操	43
na 行		
中村桃子	中村桃子	1，5—8，13，22，24，30，40，42，98，104，154，169
夏目漱石	夏目漱石	127
ha 行		
戴尔·海姆斯（Dell Hymes）	ハイムズ，デル（D. Hymes）	170
白居易	白居易	49
林礼子	林礼子	167，173
东野圭吾	東野圭吾	86
樋口一叶	樋口一葉	32
冰室讶子	氷室冴子	127
帕梅拉·费舍曼（Pulmonary Fishman）	フィッシュマン，パメラ（P. Fishman）	169
诺曼·费尔克拉夫（Norman Fairclough）	フェアクラフ，ノーマン（N. Fairclough）	173
福盛寿贺子	福盛寿賀子	76
米歇尔·福柯（Michel Foucault）	フーコー，ミシェル（M. Foucault）	5，18
藤原与一	藤原与一	44

续　表

执笔者简介

中村桃子（NAKAMURA MOMOKO）
参见编著者简介。

金水敏（KINSUI SATOSHI）
大阪大学大学院文学研究科教授，研究方向为日本语史。

熊谷滋子（KUMAGAI SHIGEKO）
静冈大学人文学部教授，研究方向为社会语言学。

因京子（CHINAMI KYOKO）
日本红十字九州国际看护大学教授，研究方向为日本语学、日本语教育学。

水本光美（MIZUMOTO TERUMI）
北九州市立大学基础教育中心教授，研究方向为日本语教育学、社会语言学、性别研究。

佐藤响子（SATOH KYOKO）
横滨市立大学国际综合科学部教授，研究方向为语言学、谈话分析。

冈本成子（OKAMOTO SHIGEKO）
加利福尼亚大学圣地亚哥分校教授，研究方向为语言学（社会语言学、谈话分析）。

克莱尔·玛瑞（CLAIRE MAREE）

津田塾大学学艺学部副教授，研究方向为语言学、谈话分析/话语分析。

宇佐美真由美（USAMI MAYUMI）

东京外国语大学大学院综合国际学研究院教授，研究方向为语言社会心理学、语言教育。

齐藤正美（SAITO MASAMI）

富山大学非常勤讲师，研究方向为社会语言学、性别研究。

丹羽雅代（NIWA MASAYO）

亚洲女性资料中心运营代表。

林礼子（HAYASI REIKO）

甲南女子大学文学部教授，研究方向为语言学、会话分析、谈话分析。

编著者简介

中村桃子（NAKAMURA MOMOKO）

关东学院大学经济学部教授，博士，研究方向为语言学、英语学。主要专著有《"像自己"与日语》（2021）、《新敬语"マジヤバイっす"——社会语言学的视角》（2020）、《翻译建构的日语——女主人公持续使用女性用语》（2013）、《被建构的"女性用语"》（2007，获第 27 届山川菊荣奖）、《"性"与日语——语言所创造的女性与男性》（2007）、《语言与性别》（2001）、《语言与女权主义》（1995）、《婚姻改姓、夫妻同姓的陷阱》（1992）。合著、合编有《连续讲义 暴力与性别》（合编，2009）、*The Language and Sexuality Reader*（合著，2006）、*Japanese Language, Gender and Ideology*（合著，2004）。译著有《语言与性取向》（合译，2009）、《女权主义与语言理论》（1990）。

译后记

　　语言与性别息息相关。人是语言的创造者和使用者，通过语言传情达意、沟通交流。同时，语言也影响着人的思想观念，规范着人的言行举止。丰富多样的语言行为也建构语言使用者的性别身份，体现使用者的"男人气概"或"女人味"。因此，正如本书"语言与性别的关系"一章所述："学习语言与性别的关系，不仅可以理解与性相关的社会结构和身处社会的自身，而且可以创造更加美好的社会。"

　　本书的理论依据是建构主义，关键词是性别（gender），全书以女权主义语言学的理论为基础，论述了通过语言如何建构"像……（男人/女人）"，以及为此男女两性受到了怎样的影响。本书的主张可归结为以下三点。一是（社会、文化性被建构的）性别规定了性和性爱，本书指摘了男女二分法和以此为基础的异性恋规范主义所带来的弊害。二是语言行为建构性别。这分为"建构性别的语言"（性别意识形态）和"性别体现的语言"（性别身份）。通过语言，"像……（男人/女人）"被建构，而且这种"像……（男人/女人）"渗透到我们的意识深处，被我们视作自身的一部分，给我们带来了极其麻烦的结果。但是，有时我们又会利用它主动选择扮演"像……（男人/女人）"。三是"女性用语"并非仅为"女性"所有之物，它是无论谁都可以使用的语言资源。因此，即便是男性也会使用"女性用语"。如果是日语母语使用者，那么无论谁都能区分使用"女性用语""男性用语""方言""标准语"等日本社会的语言资源，或者说因为社会规范等压力，人们在现实生活中使用某种语言资源。

　　通读本书，我们知道，关于人类的性，我们认为理所当然的内容是通过语言被表述从而成为常识的。不仅如此，我们在表达"女人味/男人气概"时所利用的工具之一也是语言表达。如果说语言建构了"性"的常识，我们将语言作为材料来体现性别，那么可以变革当下某种"性"常识的也是我们的语言。学习语言与性别的关系，不仅仅是理解与性别相关的社会组织、社会中的自身，还与创造更加美好的社会密切相关。本书内容涉及古典文学、现代语言、历史地理、社会文化等方方面面，因此在翻译的过程中添加了57个译者注，希望有助于各位读者理解本书内容。

本书是我的第5部译著。5部译著中有3部是中村桃子老师的著作，前两部《语言与女权主义》《语言与性别》已于2017年年底出版问世。说实话，因为是自己专业领域的书籍，加上已有前两部的翻译经验，这本书的翻译较之以前得心应手了许多，翻译速度也明显加快了。但在翻译的过程中，还是碰到了许多棘手的问题，如一些术语的翻译、古日语的翻译、影视作品名称和歌曲名称的处理等，有时候为了查阅某个单词、某个表达或某句话就得耗费半天乃至一天时间。值得庆幸的是，每当我遇到困难，总能得到身边的师长和亲朋的帮助。

在此，我要特别感谢浙江师范大学外国语学院的日籍专家滨田亮辅先生和东孝拓先生在我翻译本书的过程中给予的帮助和鼓励。他们为我解读了难懂的古日语，并与我一起推敲了不同中译文的优劣。同时也感谢我的博士同学兼好友、日本关西大学的金佳老师多年如一日的关心和勉励，感谢他在我翻译本书的过程中帮我一起斟酌相关译文，并提出中肯的意见和建议。

感谢浙江工商大学出版社鲁燕青编辑为本书的顺利出版所付出的辛勤劳动。燕青是我带的第一个硕士研究生，她聪敏好学、踏实勤奋、温润细致，待人谦恭得体、温和礼让，在读期间就是一名人人夸赞的好学生，毕业后更是一名人人喜爱的好员工。曾经的弟子变成自己书稿的责任编辑，让人不禁感叹缘分的奇妙，也不禁油然而生一种自豪感。就如同原本需要我们时时照拂的孩子突然有一天转而为我们挡风遮雨一般，让人既无限感慨又万分感动。感谢燕青的专业敬业、高效严谨，她提供的建议和帮助使我在本译著付梓之前进一步提高了译稿质量。

感谢我的家人为了我能安心工作所做的一切，感谢他们的默默扶持和温暖鼓励。没有他们的支持和鞭策，我不可能在繁忙的工作之余利用碎片时间完成本书的翻译、出版工作。谨以此书献给我至亲至爱的家人，再次深深感谢家人的支持和付出。

感谢浙江师范大学外国语学院的领导和同事对我的指导和帮助，他们的关爱和支持让我在浙江师范大学外国语学院的大家庭中如沐春风、激情满怀。感谢浙江师范大学"外国语言文学及应用语言学"省级一流学科为本书提供的经费支持。

最后，限于译者的学术水准和翻译水平，书中难免会有疏漏和不当之处，恳请各位读者批评指正。

徐微洁
2021年腊月
浙江师范大学日韩语言文化研究中心